El Acuerdo de la Luna, Argentina y el futuro de la explotación de los recursos espaciales

El Acuerdo de la Luna, Argentina y el futuro de la explotación de los recursos espaciales

Laura Jamschon Mac Garry

Serie ocre
Derecho Internacional
2023

Jamschon Mac Garry, Laura María de Lourdes
El Acuerdo de la Luna, Argentina y el futuro de la explotación de los recursos espaciales -1ª ed.
Ciudad Autónoma de Buenos Aires: PsiDispa, 2023
170 p. ; 23 x 15 cm.
978-631-00-2144-7
1. Derecho Internacional. 2. Acuerdos Internacionales.
I. Título.
CDD 341.47

ISBN 978-631-00-2144-7

Ilustración de tapa: NASA/GSFC/Arizona State University.
The near side of the Moon, as seen by the cameras aboard NASA's Lunar Reconnaissance Orbiter spacecraft. (05/10/17)
Diseño interior y diagramación por PsiDispa: sidispa@gmail.com
G5BWTav11TeBWv1.0-0712

Edición impresa en los Estados Unidos de América
Distribuida por amazon.com en su sitio
https://www.amazon.com

Hecho el depósito que dispone la ley 11.723.

Contenido

Cuadros

Figuras

Agradecimientos

Quiero expresar mi profundo agradecimiento al Instituto del Servicio Exterior de la Nación (ISEN) por el acompañamiento y formación durante toda mi carrera diplomática. Asimismo, quiero agradecer la excelente disposición de la Biblioteca del ISEN en la búsqueda, localización y préstamo de material de consulta de más de 70 años de antigüedad.

También quiero destacar y valorar la rápida cooperación de la Lic. Romana Kofler, funcionaria de la Oficina de Naciones Unidas para Asuntos Espaciales (OOSA), que me ha facilitado material de trabajo de la época de las negociaciones del Acuerdo de la Luna.

Quiero agradecer infinitamente el tiempo, colaboración y la extensa trayectoria y experiencia en temas espaciales del Dr. Conrado Varotto y del Ministro Felix Menicocci y su amable disposición para mantener una fructífera entrevista de investigación.

También agradezco al Dr. Alberto Ridner, quien con su vasto conocimiento en temas espaciales siempre me ha enriquecido y que generosamente ha aceptado editar mi trabajo y prepararlo para su publicación.

El Embajador Rafael Grossi ha sido para mí un ejemplo de profesional diplomático cuando estuve destinada en nuestra Misión Permanente en Viena en los que por primera vez me formé en temas espaciales. Con su generosidad intelectual, ha contribuido enormemente a desarrollar mis capacidades y pasión por el derecho internacional del espacio. Quiero agradecerle por su continuo apoyo y por haber aceptado prologar este trabajo.

Finalmente, agradezco a mis padres por estar siempre –sea donde sea– acompañándome.

One small step for man one giant leap for mankind.

Neil Armstrong

Prólogo

En este trabajo, Laura analiza la postura negociadora de la Argentina durante los debates del Acuerdo de la Luna desde una óptica jurídica y diplomática, que es la que ella misma fue desarrollando a lo largo de todos estos años de especialización en temas espaciales. Para ello, examina la historia de los debates de dicho tratado e identifica los elementos que le dan una impronta argentina a su texto. A partir de ello, se pregunta por qué la Argentina no lo ha ratificado hasta el presente, a pesar de haber sido –quizás– su gran artífice.

En esa búsqueda de respuestas, emprende un ejercicio comparativo muy interesante: aborda el carácter de la Argentina como país en desarrollo y llega a la conclusión de que, si bien nuestro país continua bregando por los intereses espaciales de los países en desarrollo, las capacidades tecnológicas propias evolucionaron significativamente desde la época de las negociaciones de la Luna ubicándonos hoy en un pequeño grupo de países con capacidades espaciales de vanguardia. En consecuencia, sostiene que la Argentina es un "país en desarrollo *sui generis*" en materia espacial. Asimismo, compara otros regímenes jurídicos como el de los fondos marinos y la Antártida para encontrar similitudes y diferencias con la Luna, y concluye que –de no regularse la explotación de recursos minerales en los cuerpos celestes– se sentará el primer precedente en detrimento de la humanidad. Por otro lado, analiza el contexto internacional de aquel momento y lo compara con el presente para concluir que el nivel de fragmentación geopolítica y competencia tecnológica es hoy mucho mayor y disperso que en 1970.

Laura escogió un tema que es de particular interés para la comunidad internacional en la actualidad: regular de modo multilateral un dominio global cuyo caudal de minerales tiene un valor incalculable, en un mundo que lucha contra la desigualdad, con una comunidad internacional que se pregunta cómo lograr consensos y con una agenda multilateral que se esfuerza por integrar los Objetivos de Desarrollo Sostenible para el beneficio de las generaciones presentes y futuras. La autora trae este tópico a la agenda nacional para integrar el país al mundo en las negociaciones internacionales en torno a la explotación de recursos minerales del espacio.

Como Director General de un Organismo Internacional sustentado en una actividad eminentemente técnica, como es la nuclear, encuentro en este trabajo un necesario y oportuno análisis del interjuego entre tecnología e intereses de orden político y económico en el ámbito multilateral.

El papel singular de la Argentina en esa ecuación se ve reflejado con justeza.

Descansa en el fondo de este esfuerzo un interrogante más amplio acerca de los esfuerzos en pos de un orden más equitativo y justo entre países desarrollados y en desarrollo, a través de normas eficaces de aplicación internacional.

Emb. Rafael Mariano Grossi
Director General
Organismo Internacional de la Energía Atómica
15 de mayo de 2023

I

Introducción

Las negociaciones del Acuerdo de la Luna se iniciaron en 1970 a partir de un proyecto presentado por la Argentina (Doc. ONU A/AC.105/C.2/L.71) y culminaron en 1979 cuando se adoptó el texto del tratado mediante Resolución de Asamblea General 34/68. Luego, habrá que esperar hasta 1984 para su entrada en vigor. Fue el último tratado del espacio en ser concluido y el que tiene el menor número de ratificaciones. El rótulo de "patrimonio común de la humanidad" que dicho tratado le asignó a la Luna y sus recursos naturales en el Artículo 11 fue propuesto por el jurista y diplomático argentino Embajador Aldo Armando Cocca, considerado el padre del derecho espacial argentino.

A pesar del rol protagónico de la Argentina en la génesis y la elaboración de dicho instrumento, nuestro país no se encuentra entre los escasos dieciocho Estados que son parte del mismo, y tampoco lo ha firmado. Ello significa la ausencia de compromiso legal internacional respecto a las obligaciones que este instrumento establece, máxime si se reconoce que no existe fuente consuetudinaria alternativa que genere fuerza vinculante.

La no ratificación de nuestro país es más llamativa aún si se da cuenta que de América Latina y el Caribe –región con la que nuestro país comparte valores, intereses y proyectos– cinco países lo han ratificado y uno lo ha firmado. Más aún, dentro de los países ratificantes se encuentran tres países con una importante trayectoria en derecho espacial: Austria (sede de COPUOS),

Bélgica (sede de la Agencia Espacial Europea) y Países Bajos (capital mundial del derecho internacional). Incluso, una de las mayores potencias espaciales –si bien no lo ha ratificado– al menos lo ha firmado: Francia.

En la actualidad, se verifica un renovado interés en la Luna, lo que ha despertado la necesidad de abordar la temática relativa a la explotación de sus recursos desde una óptica jurídica.

Todos estos elementos han suscitado los siguientes interrogantes generales: ¿de qué manera se desarrolló el proceso de negociaciones en torno al Acuerdo de la Luna en el periodo 1970-1979? ¿qué condiciones determinaron que la Argentina no lo ratificara en el período desde su entrada en vigor hasta la actualidad y por qué es necesario revisar esa postura de cara al futuro?

Este trabajo está estructurado en cuatro capítulos centrales, además de esta introducción y las apreciaciones finales. El segundo capítulo se centra en las negociaciones del Acuerdo de la Luna, en su contexto y en el rol de la Argentina en la redacción del texto consensuado y adoptado. El tercer capítulo explica la teoría del efecto manada como una posible explicación a la no ratificación del Acuerdo de la Luna y propone un análisis basado en variables endógenas. El cuarto capítulo está dedicado a analizar iniciativas a nivel doméstico, a nivel académico internacional, a nivel bilateral y a nivel multilateral en las Naciones Unidas. Finalmente, en el quinto capítulo se proponen algunos cursos de acción a nivel nacional, bilateral y multilateral para definir una posición respecto a posibles desarrollos futuros para la regulación de la explotación de recursos espaciales.

I.1 Evaluación de alternativas metodológicas

El presente trabajo utiliza una estrategia metodológica cualitativa. Se ha seleccionado esta estrategia en virtud de que se estima es la más apropiada para analizar en detalle la postura de la Argentina respecto a un tratado concreto en el contexto actual, caracterizado por desarrollos científico-tecnológicos que permitirán la explotación de los recursos de la Luna. La investigación parte de un punto en el que el estado normativo no se condecía con lo fáctico; es decir, el Acuerdo de la Luna trataba de regular un escenario utópico. En la actualidad, se da el fenómeno inverso: el marco normativo no se adecua a la realidad. Por otro lado, la metodología cualitativa imprime cierta flexibilidad a la investigación, lo que será necesario atento a que el área temática se encuentra en constante evolución y dinamismo.

El método seleccionado es el estudio de caso ya que se abordará concretamente la postura de la Argentina frente al Acuerdo de la Luna. De este modo, se puede concebir la unidad de análisis desde una doble perspectiva: la Argentina como unidad de análisis dentro del universo de países y, por otro lado, el Acuerdo de la Luna como unidad de análisis dentro del plexo normativo espacial en su conjunto o, incluso, dentro del derecho internacional en general.

El recorte temporal de la investigación se basa en los años en que la Argentina activamente participó de las negociaciones del Acuerdo de la Luna y, a partir de ello, se analiza de forma longitudinal la evolución de la postura argentina, identificando tres momentos históricos: las negociaciones en el periodo 1970-1979, el periodo desde la entrada en vigor hasta la actualidad (1984-2023) y, finalmente, el periodo en que se espera implementar la propuesta de este trabajo.

I.2 Selección de técnicas para responder a las preguntas de investigación

A los efectos de llevar a cabo esta investigación se recurrirá a fuentes primarias como lo son los trabajos preparatorios del Acuerdo de la Luna, los informes y otros documentos de trabajo de COPUOS, resoluciones de la Asamblea General de las Naciones Unidas y otros instrumentos del derecho internacional. Como fuente secundaria se recurrirá al importante caudal de literatura especializada y a la doctrina en la materia.

Se ha incluido la entrevista como técnica útil para enriquecer este trabajo. A tal fin, se mantuvo un fructífero encuentro con dos valiosas figuras de la historia espacial de nuestro país: el Dr. Conrado Varotto y el Min. Félix Menicocci.

El Dr. Varotto nació en Italia en 1941. Se licenció y doctoró en Física en el Instituto Balseiro y continuó su perfeccionamiento con una beca del CONICET en la Universidad de Stanford (EE.UU.). Fundó INVAP en 1976; fue Director Ejecutivo y Técnico de la CONAE desde 1997 a 2018. Impulsó el Plan Espacial Nacional y el desarrollo de cuatro misiones satelitales: SAC-B; SAC-A; SAC-C y el SAC-D Aquarius. También bajo su conducción se trabajó en la Misión SAOCOM, la primer constelación argentina con radar de microondas para observar la Tierra. Por sus logros fue premiado en tres oportunidades: en 1993 recibió el Premio Konex de Platino, en la especialidad Física y Tecnología Nuclear, por la década 1982-1992. En 2019, recibió el Doctor Honoris Causa de la Universidad Tecnológica Nacional y, en 2018, recibió la Distinción de Investigador de la Nación.

Por su parte, el Min. Félix Menicocci nació en Arroyo Seco en 1954. Es Ministro Plenipotenciario de Primera Clase del Servicio Exterior de la Nación. Estudió Relaciones Internacionales en la Universidad Nacional de Rosario e hizo un post-grado en Historia Contemporánea en la Universidad de París I Pantheon- Sorbonne, Francia. Se desempeñó en la Dirección de Seguridad Internacional, Asuntos Nucleares y Espaciales de la Cancillería (DIGAN) y participó activamente en la creación de la Comisión Nacional de Actividades Espaciales (CONAE). Fue el representante argentino ante la Agencia Espacial Europea (ESA) y el Centro Nacional de Estudios Espaciales de Francia (CNES). Fue Secretario General de la CONAE desde 1998 hasta 2018. Desde 2008 hasta el año pasado fue Presidente del Directorio de la Empresa estatal

VENG. Presidió la Subcomisión Científica y Técnica de COPUOS en el bienio 2012-2014.

No se puede abordar esta temática sin una visión holística e integrada de diversos aspectos que se relacionan con el accionar del agente diplomático en el ámbito multilateral. Ello implica conocer el sistema de las Naciones Unidas y entender el contexto geopolítico y de seguridad internacional, así como percibir el espacio ultraterrestre como una fuente de conocimiento científico y como un catalizador del desarrollo.

II

Las negociaciones en torno al Acuerdo de la Luna

El Acuerdo de la Luna fue el último de los tratados del espacio y, con él, la etapa codificadora del derecho internacional del espacio quedó en suspenso, al menos hasta el presente. Su texto completo se reproduce en el Anexo C Acuerdo de la Luna (1979), página 147.

Cuando analizamos la historia de su negociación, es fundamental que revisemos aquellos factores que sirvieron de contexto durante los años '70.

Podemos identificar al menos tres clases de eventos en el contexto internacional que tuvieron influencia en la negociación del Acuerdo de la Luna:

1. de carácter científico-tecnológico,
2. de relevancia geopolítica, y
3. de naturaleza jurídica.

A continuación, analizaremos cada uno de ellos.

II.1 Eventos de carácter científico-tecnológico: la exploración de la Luna

Es importante mencionar que si bien el eje de este trabajo es la Luna y sus recursos, ésta no ha sido definida jurídicamente en el Acuerdo de la Luna y tampoco en instancias posteriores. Sin embargo, a partir de una lectura textual de los tratados del espacio se puede colegir en primer lugar que la Luna es parte del espacio ultraterrestre (el Tratado del Espacio en todo su articulado se refiere al "espacio ultraterrestre, *incluso* la Luna"). En segundo lugar, se puede concluir que la Luna es un cuerpo celeste (el Tratado del Espacio se refiere constantemente a la "Luna y *otros* cuerpos celestes"). En tercer lugar, el Tratado del Espacio le adjudicó un régimen jurídico especial que prevé el uso de la Luna para fines *exclusivamente* pacíficos y que esté completamente desmilitarizada y libre de armamentos *de cualquier tipo* (art. IV del Tratado del Espacio). Además, el art. 11 del Acuerdo de la Luna le asignó, junto con sus recursos naturales, el carácter de *patrimonio común de la humanidad.* Desde el punto de vista estrictamente astronómico, sabemos que la Luna es el único satélite natural de la Tierra.

La carrera lunar se inició en 1959 cuando la tecnología soviética logró alcanzar la superficie de la Luna con la nave espacial Luna 2. Años más tarde, Estados Unidos logró lo propio con su Misión Ranger. En 1968, logró obtener la primera imagen fotográfica de la Tierra que tomaron los primeros astronautas en orbitar alrededor de la Luna (Nature, 2018: p. 301).

Si bien ha habido diversas misiones a la Luna a lo largo de los años,[1] los primeros y únicos humanos en alunizar fueron norteamericanos. Uno de los objetivos del Presidente John F. Kennedy al asumir el cargo fue iniciar la carrera humana hacia la Luna y ganarla antes de que terminara la década (Logsdon, 2010). El 12 de septiembre de 1962, Kennedy eligió la Rice Univer-

[1]Se puede acceder a una descripción cronológica: For All Moonkind: Moon Registry. En: `https://moonregistry.forallmoonkind.org/1959/09/`

sity para pronunciar la famosa frase "*we choose to go to the moon*".[2] Explicó el interés de los americanos en hacer suyo ese reto difícil, cimentándolo en la necesidad de crecer científica y tecnológicamente, y en el valor económico de la industria espacial.

El 20 de julio de 1969, el módulo lunar "Eagle" de la misión Apolo 11 que llevaba a bordo a los astronautas Neil Armstrong y Buzz Aldrin alunizó por primera vez en la historia. Fue un momento único que congregó a la población de todo el mundo para ver la transmisión del primer ser humano pisando la Luna. Como recuerda el Dr. Varotto, quien en ese entonces se encontraba en los Estados Unidos estudiando, el evento fue de tal magnitud que las primeras planas de los diarios de los Estados Unidos desplazaron al trágico accidente de tránsito en Chappaquiddick del Senador Ted Kennedy y su acompañante, ocurrido en aquel entonces.

En la Argentina, las imágenes se pudieron recibir a través de la estación terrena de Balcarce, la más antigua en el país. La misión norteamericana no sólo colocó a un humano sobre la superficie lunar, sino que además permitió traer 21,8 kilos de muestras de dicho cuerpo celeste a la Tierra. Las mismas estaban conformadas por rocas de composición volcánica (basaltos), restos de combinación de rocas y meteoritos (brechas) y superficie lunar (regolito), en las que se encontraron diversos minerales (Taylor, 2019). Dichas muestras son de un valor científico incalculable dado que revelaron que el origen de la Luna hace 800 millones de años había sido caliente y no frío como se creía hasta entonces (Taylor, 2019). Asimismo, revelaron qué recursos naturales nos ofrece la Luna: aluminio, torio, uranio, potasio, oxígeno, silicona, magnesio, hierro, titanio, calcio, hidrógeno, platino, paladio, osmio, iridio, níquel, helio-3 y agua (Tronchetti, 2015; Jakhu y Pelton, 2017; Lewis, 1996; Schrunk *et al.*, 2008; Hobe *et al.*, 2013).

En un contexto internacional que busca lograr los objetivos de desarrollo sostenible y, entre ellos, la necesidad de acelerar la transición a energías

[2] Address at Rice University on the Nation's Space Effort (12 de septiembre de 1962) . En: https://www.jfklibrary.org/learn/about-jfk/historic-speeches/address-at-rice-university-on-the-nations-space-effort

limpias, es destacable señalar que el helio-3 se erige como un recurso de gran potencial para la fusión nuclear ya que es un isótopo no radiactivo.

El físico Frank Close en un artículo publicado en 2007 puso en duda si se encontraría helio-3 en la Luna y puso en tela de juicio la verdadera utilidad de este isótopo para generar energía nuclear, debido a que su fusión con el agua pesada es hasta cien veces más lento que con el tritio (Close, 2007: p. 17). La primera duda parece estar en camino de ser disipada a partir de la misión china que permitió descubrir en septiembre de 2022 el mineral designado como "Changesite-(Y)", en el cual se ha detectado helio-3. Las autoridades chinas estiman que si en la Tierra hay entre 15 y 20 toneladas de este isótopo, en la Luna habría un millón de toneladas.[3] Respecto a la posibilidad de generar energía nuclear, el tiempo y el desarrollo tecnológico decidirán si darle o no la razón a Close.

Así como no hay una definición jurídica de la Luna, tampoco existe una definición de recursos espaciales que haya sido consensuada en el derecho internacional del espacio. Sin perjuicio de ello, algunos autores han sostenido que su conceptualización tiene que hacerse en base a su uso y su escasez más que a sus características físicas (De Man, 2011). En este trabajo nos referimos con dicho término a los recursos minerales. Por el contrario, aquellos otros recursos naturales espaciales que no son removibles, como las frecuencias de radio y las órbitas (declaradas como recursos en la Constitución de la Unión Internacional de Telecomunicaciones (UIT) en su art. 44.2[4] no están bajo análisis en esta investigación.

[3]Changesite-(Y) was discovered in soil simple brought from the moon (9 de septiembre de 2022). En: `http://www.cnsa.gov.cn/english/n6465652/n6465653/c6840851/content.html`

[4]Dicha norma reza: "En la utilización de bandas de frecuencias para los servicios de radiocomunicaciones, los Estados Miembros tendrán en cuenta que las frecuencias y las órbitas asociadas, incluida la órbita de los satélites geoestacionarios, son *recursos naturales limitados* que deben utilizarse de forma racional, eficaz y económica, de conformidad con lo establecido en el Reglamento de Radiocomunicaciones, para permitir el acceso equitativo a esas órbitas y a esas frecuencias a los diferentes países o grupos de países, teniendo en cuenta las necesidades especiales de los países en desarrollo y la situación geográfica de determinados países" (énfasis propio).

Apolo 11 no sólo dejó un patrimonio científico de la Luna *en la Tierra* a través de las muestras traídas por los astronautas sino que además dejó *en la Luna* un importante patrimonio de la presencia humana allí. Este último incluye artefactos, así como las huellas de las botas de los astronautas, que son una prueba de que la superficie lunar no es un mar de polvo en el que la nave espacial se hundiría, como se creía.

Tal ha sido la relevancia de la Misión Apolo 11 a nivel mundial que hasta el día de hoy se analizan las posibilidades jurídicas de preservar el valor histórico y científico de dicho patrimonio en el *Mare Tranquillitatis*.[5] Al respecto, la doctrina es uniforme en rechazar la posibilidad de que sea protegido bajo el paraguas de la Convención de la UNESCO sobre el Patrimonio Mundial de 1972, dada la incompatibilidad entre el principio de no apropiación del derecho espacial y el requisito de que el bien sujeto a la protección convencional debe encontrarse bajo la soberanía de un Estado parte en dicha convención (Froehlich, 2020; Rotola y Williams, 2021; Zwart y Henderson, 2021).

A nivel doméstico, Estados Unidos ha dictado la ley *Senate Bill 1694 –The One Small Step to protect Human Heritage in Space Act* que tiene por fin desarrollar y extender las mejores prácticas para preservar los lugares de aterrizaje lunar. Una parte relevante de esta legislación establece que los lugares de alunizaje de la nave espacial Apolo 11, de la nave que la precedió y de las naves espaciales tripuladas y robóticas que le siguieron, tienen un valor universal excepcional para la humanidad. Hay al menos cien objetos que quedaron en la Base de la Tranquilidad y que han sido catalogados.[6]

Con el mismo objetivo, la Sección 9 de los Acuerdos de Artemisa (ver la sección IV.4, página 76 y siguientes) establece que los firmantes tienen la intención de preservar el patrimonio del espacio ultraterrestre, el cual comprende lugares de aterrizaje humanos o robóticos históricamente significativos, artefactos, naves espaciales y otras pruebas de actividad en los cuerpos

[5]El Mar de la Tranquilidad es el lugar donde alunizó el primer humano.
[6]El inventario puede ser consultado en: A Compilation of Human Artifacts on the Moon. En: `https://history.nasa.gov/humanartifacts.html`

celestes, de conformidad con las normas y prácticas que se desarrollen mutuamente.

II.2 Eventos de relevancia geopolítica: détente entre los EEUU y la URSS

En un contexto de Guerra Fría en el que la tensión nuclear llegó a su punto máximo con la Crisis de los Misiles, no se puede pasar por alto el momento de distensión entre los Estados Unidos y la Unión Soviética conocido como *détente*. Su inicio suele ubicarse en el tiempo para la época de la firma del Tratado de No Proliferación Nuclear, en vigor desde 1970.[7] Este tratado se considera la "piedra angular" del régimen mundial de no proliferación nuclear y un presupuesto esencial para la consecución del desarme nuclear. Fue concebido para prevenir la proliferación de armas nucleares, promover el desarme –incluido el desarme nuclear– y fomentar la cooperación en el uso pacífico de la energía nuclear.

Este periodo de distención también fomentó las relaciones de cooperación científico-tecnológica entre las dos potencias y abrió la puerta a la firma del Acuerdo de Cooperación en la Exploración y Utilización del Espacio Ultraterrestre, suscripto el 24 de mayo de 1972 por el Presidente norteamericano Richard Nixon y el Presidente del Consejo de Ministros de la Unión Soviética Alekséi Kosyguin.[8] Dicho instrumento preveía en el art. 3 el acoplamiento de la cápsula soviética Soyuz con el vehículo norteamericano Apolo, lo que efectivamente sucedió el 17 de julio de 1975.[9] Dicho acontecimiento estuvo marcado por el gesto de hermandad entre las dos naciones corporizado en el

[7] Tratado de no proliferación de Armas Nucleares, abierto a la firma el 1 de Julio de 1968, en vigor desde el 5 de marzo de 1970 (TNP).

[8] Agreement Between the United States of America and the Union of Soviet Socialist Republics Concerning Cooperation in the Exploration of the Use of Outer Space for the Peaceful Purposes. . En: `https://www.archives.gov/files/presidential-libraries/events/centennials/nixon/images/exhibit/agreement-of-cooperation.pdf/` (24 de mayo de 1972).

[9] Apollo-Soyuz Test Project Overview. En: `https://www.nasa.gov/apollo-soyuz/overview`

famoso apretón de manos entre los astronautas y cosmonautas en gravedad cero, lo cual daría un mensaje a la comunidad internacional de que el trabajo científico-tecnológico conjunto era posible y beneficioso para la paz (Krasnyak, 2020). El acoplamiento fue el broche de oro de más de una veintena de visitas mutuas, cinco grupos conjuntos de trabajo y un importante número de experimentos que resultaron en publicaciones tanto en inglés como en ruso (Krasnyak, 2018).

El tercer hecho que amerita recordarse en este contexto de acercamiento es la conclusión entre ambas potencias del Tratado contra los Misiles Antibalísticos. Dicho acuerdo fue firmado el 26 de mayo de 1972 entre Nixon y Brezhnev y ha sido considerado como la coronación de la estrategia Nixon-Kissinger de *détente*.[10]

El ocaso de la primavera en las relaciones bilaterales vendrá al final de dicha década y estuvo marcado por la invasión de Afganistán en 1979 y la toma de rehenes en la Embajada norteamericana en Teherán (Jasentuliyana, 1986). Como las negociaciones del Acuerdo de la Luna se dieron en un contexto de *détente* es posible considerar que ello habría facilitado el consenso entre ambas potencias espaciales. Por el contrario, el cambio geopolítico en los años siguientes habría influenciado la no ratificación de las dos principales potencias espaciales.

II.3 Eventos de naturaleza jurídica: negociaciones internacionales

Cuando hablamos de eventos de naturaleza jurídica, nos referimos particularmente a tres que ofrecen antecedentes de trascendencia global en el proceso de negociaciones del Acuerdo de la Luna. El primero se da en el marco del derecho del mar: entre 1973 y 1982 se desarrolló la III Conferencia

[10] Strategic Arms Limitations Talks/Treaty (SALT) I and II.. En: `https://history.state.gov/milestones/1969-1976/salt`

de Derecho del Mar, en la cual se negoció la Convención del Mar (Convemar).[11] Es decir, las negociaciones del mar fueron coetáneas a las de la Luna y, por ello, la influencia que ejercían los países en desarrollo por distribuir equitativamente la riqueza de los fondos marinos sería un argumento que se repetiría para exigir lo mismo en las alturas del espacio ultraterrestre.

El art. 136 de la Convemar asignó a la "Zona" –definida en el art. 1 como los fondos marinos y oceánicos y su subsuelo fuera de los límites de la jurisdicción nacional– el carácter de patrimonio común de la humanidad. Existen posiciones encontradas en la literatura sobre si el primero en proponer el concepto de "patrimonio común de la humanidad" fue el Embajador Arvid Pardo (Malta) en el contexto de las negociaciones del derecho del mar (UNISPACE, 1982) o el Embajador Aldo Cocca (Argentina), en el contexto de las negociaciones del derecho espacial (ver la sección II.4.2, página 29).

Si bien la finalización del texto del Acuerdo de la Luna fue anterior al de la Convemar, se debe admitir que la primera resolución de la Asamblea General en la que se atribuye el carácter de patrimonio común de la humanidad a un dominio y a sus recursos fue en el ámbito del mar. En efecto, la Resolución de Asamblea General 2749 (XXV) declaró que los fondos marinos y oceánicos y su subsuelo son patrimonio común de la humanidad y que la exploración y explotación de los recursos debían estar gobernadas por un régimen internacional a ser establecido.[12] Claramente este precedente influenció las negociaciones del art. 11 del Acuerdo de la Luna, el que estableció el carácter de patrimonio común de la humanidad de la Luna y sus recursos naturales (primer párrafo), así como el compromiso de los Estados Partes en el tratado de establecer un régimen internacional que rigiera la explotación de los recursos naturales de la Luna (quinto párrafo).

[11] Convención del Mar, adoptada el 10 de diciembre de 1982, en vigor desde el 16 de noviembre de 1994, 1833 UNTS 397 (Convemar).

[12] Resolución de Asamblea General 2749 (XXV), A/RES/25/2749, 17 de diciembre de 1970. Ver los párrafos operativos 1 y 4.

El segundo evento de naturaleza jurídica se da en el marco del derecho medioambiental: la Conferencia de las Naciones Unidas sobre el Medio Ambiente de 1972 en Estocolmo es sin duda el punto de partida de la diplomacia medioambiental, y sus principios son la piedra fundamental del derecho internacional del medio ambiente. El Principio Cuarto estableció la responsabilidad solemne que tiene el ser humano de proteger y mejorar el medioambiente para las generaciones presentes y futuras (Doc. ONU A/CONF. 48/14/Rev. 1). El concepto de "generaciones futuras" es una noción arraigada en el derecho medioambiental y en la de desarrollo sostenible, como lo reconoció el Relator Especial de la Comisión de Derecho Internacional (CDI) sobre la protección de la atmósfera, Shinya Murase (Doc. ONU A/CN.4/705, para. 87). El Acuerdo de la Luna –a diferencia del resto de los tratados del espacio– es el único que incluye este principio ambiental en su articulado (ver el art. 4.1), lo cual lo transforma en un tratado vanguardista en la materia. El mismo reza:

> La exploración y utilización de la Luna incumbirán a toda la humanidad y se efectuarán en provecho y en interés de todos los países, sea cual fuere su grado de desarrollo económico y científico. *Se tendrán debidamente en cuenta los intereses de las generaciones actuales y venideras*, así como la necesidad de promover niveles de vida más altos y mejores condiciones de progreso y desarrollo económico y social de conformidad con la Carta de las Naciones Unidas. (énfasis propio)

Finalmente, podemos mencionar un tercer hecho de carácter jurídico que se vincula a otro ámbito del derecho internacional: el Sistema del Tratado Antártico. En 1970, las Partes Consultivas se reunieron en la Sexta Reunión del Tratado Antártico (Tokio) y comenzaron a tratar la cuestión relativa al posible impacto ambiental de una explotación de recursos minerales sin regulación alguna. Dichas discusiones se extendieron hasta la XI Reunión del Tratado (Buenos Aires). Uno de los hitos importantes durante ese periodo se dio en la IX Reunión del Tratado (Londres), en la que –en base al trabajo de un grupo de expertos sobre exploración y explotación de recursos minerales (establecido en 1976)–[13] se aprobó como recomendación una abstención voluntaria de desarrollar actividades de explotación minera y que, al tratar la cuestión, se tendrían debidamente en cuenta los intereses de la humanidad en su conjunto.[14] Este camino hacia la protección de los recursos minerales continuará en la reunión en Buenos Aires (1981), durante la cual se adoptó la Recomendación XI-1[15] en la que se cimenta la negociación y adopción de la Convención para la Reglamentación de las Actividades sobre Recursos Minerales Antárticos de 1988.[16] Dicho instrumento –si bien fue adoptado por consenso al igual que el Acuerdo de la Luna– no ha entrado en vigor hasta la actualidad. Australia –siendo Parte Consultiva– manifestó su intención de no ser Parte en dicho tratado y en mantener la Antártida libre de cualquier actividad minera (ver la sección III.1.1, página 40 y siguientes).

Ello marcó el camino del Sistema Antártico hacia el Protocolo al Tratado Antártico sobre Protección del Medio Ambiente,[17] en vigor desde 1998. El art. 7 *prohíbe* cualquier actividad relacionada con los recursos minerales, salvo la investigación científica (por cincuenta años renovables).

---

[13]El informe del grupo de trabajo se encuentra contenido en el Informe de la Primera Reunión Especial Consultiva, celebrada en Londres, Reino Unido, el 25, 27 y 29 de julio de 1977 (ver p. 20 y siguientes). En: `https://documents.ats.aq/SATCM1/fr/SATCM1_fr001_e.pdf`

[14]La Recomendación IX-1 establece una serie de principios que los Estados deberán apoyar, entre ellos: "Insten a sus nacionales y a otros Estados a que se abstengan de llevar a cabo la exploración y explotación de los recursos minerales de la Antártida, mientras se avanza hacia la oportuna adopción de un régimen convenido sobre actividades relacionadas con los recursos minerales de la Antártida" (punto 8). En su punto 3 (iv) establece que tales actividades "no debiera perjudicar los intereses de toda la humanidad en la Antártida". Ver el Informe Final de la Novena Reunión Consultiva del Tratado Antártico (Londres, 12 de octubre de 1977). En: `https://documents.ats.aq/ATCM9/fr/ATCM9_fr001_e.pdf`

[15]La Recomendación XI-1 en su punto 3 establece: "Se adopte, con carácter urgente, un régimen sobre recursos minerales antárticos". Ver el Informe de la Undécima Reunión Consultiva (Ministerio de Relaciones Exteriores, Comercio Internacional y Culto, Buenos Aires, 1981). En: `https://documents.ats.aq/SATCM3/fr/SATCM3_fr001_e.pdf`

[16]Convención para la Reglamentación de las Actividades sobre Recursos Minerales Antárticos firmada el 25 de noviembre de 1988. En: `https://documents.ats.aq/recatt/att311_s.pdf`

[17]Protocolo al Tratado Antártico sobre Protección del Medio Ambiente, firmado en Madrid el 4 de octubre de 1991 y en vigor desde 1998.

II.4 El rol de la Argentina en COPUOS durante las negociaciones del Acuerdo de la Luna

Para este capítulo, es fundamental hacer una breve reseña sobre el foro donde se llevaron a cabo las negociaciones. Con el lanzamiento del primer satélite artificial Sputnik I en 1957 se largó la carrera espacial y, a partir de dicho hito, se estableció en el marco de las Naciones Unidas la Comisión sobre la Utilización del Espacio Ultraterrestre con Fines Pacíficos (COPUOS). Primero como un comité *ad hoc* (Resolución de la Asamblea General 1348 (XII)), en 1959 se estableció como órgano permanente de la Asamblea General (Resolución de la Asamblea General 1472A (XIV)). Inicialmente, COPUOS estaba conformada por 18 miembros (incluida la Argentina); en la actualidad, el número de miembros asciende a 102.[18]

COPUOS se reunió por primera vez el 19 de marzo de 1962 en Nueva York. El Embajador de Austria, Franz Matsch, fue elegido para presidir dicha sesión (Doc. ONU A/5181). Si bien el bloque soviético defendía la regla de la unanimidad para la toma de las decisiones y Occidente apoyaba la regla de la mayoría (Cheng, 1997), Matsch consideró que COPUOS había llegado a un acuerdo para tomar decisiones sin votación, algo que quedó reflejado en su informe final (Doc. ONU A/5181). Básicamente, así nació la regla del consenso (consenso significa que las decisiones se toman siempre que no haya objeciones) (Galloway, 1979). Las decisiones por consenso suelen dar lugar a redacciones vagas y flexibles. Además, un texto adoptado por consenso no garantiza su ratificación masiva en una fase posterior, como bien lo demostró el Acuerdo de la Luna (Danilenko, 2016). Ese mismo año, COPUOS estableció sus dos Subcomisiones: la Subcomisión de Asuntos Jurídicos y la Subcomisión Científica y Técnica. La primera fue la responsable de la elabo-

[18]El estado de la membresía actual puede ser consultado en: Committee on the Peaceful Uses of Outer Space: Membership Evolution.. En: `https://www.unoosa.org/oosa/en/ourwork/copuos/members/evolution.html`

ración de los cinco tratados del espacio de las Naciones Unidas[19] y de los cinco documentos con principios que conforman el *corpus iuris spatialis*.[20]

Como concepto abarcador de las normas vinculantes y del derecho blando surge el término "gobernanza global del espacio". Es una noción derivada de la de *gobernanza global*, desarrollada a partir de las conclusiones de la Comisión Mundial sobre la Gobernanza. Esta última fue una iniciativa sueca que en 1995 concluyó con un informe que la definió como "la suma de las diversas formas en que los individuos y las instituciones, públicas y privadas, gestionan sus asuntos comunes" (CGG, 1995). La gobernanza global del espacio surge recién en la Segunda Conferencia de Manfred Lachs, en Montreal. A diferencia del derecho espacial internacional, este concepto es más abarcador e incluye los instrumentos no vinculantes, buenas prácticas, declaraciones y hasta instituciones (McGill, 2014; Jakhu, 2017). Si bien este trabajo se enfoca en un instrumento jurídico vinculante, no puede desconocerse el carácter sistémico que el conjunto de instrumentos e instituciones que conforman la gobernanza global del espacio imprime en la temática escogida, por lo que desde una óptica más global se abordará el problema de investigación desde esta última.

---

[19]El Tratado sobre los principios que deben regir las actividades de los Estados en la exploración y utilización del espacio ultraterrestre, incluso la Luna y otros cuerpos celestes (en adelante, Tratado del Espacio); el Acuerdo sobre el salvamento y la devolución de astronautas y la restitución de objetos lanzados al espacio ultraterrestre; el Convenio sobre la responsabilidad internacional por daños causados por objetos espaciales; el Convenio sobre el registro de objetos lanzados al espacio ultraterrestre y el Acuerdo que debe regir las actividades de los Estados en la Luna y otros cuerpos celestes (en adelante, Acuerdo de la Luna).

[20]La Declaración de los principios jurídicos que deben regir las actividades de los Estados en la exploración y utilización del espacio ultraterrestre; los Principios que han de regir la utilización por los Estados de satélites artificiales de la Tierra para las transmisiones internacionales directas por televisión; los Principios relativos a la teleobservación de la Tierra desde el espacio; los Principios pertinentes a la utilización de fuentes de energía nuclear en el espacio ultraterrestre y la Declaración sobre la cooperación internacional en la exploración y utilización del espacio ultraterrestre en beneficio e interés de todos los Estados, teniendo especialmente en cuenta las necesidades de los países en desarrollo.

A nivel institucional, COPUOS –asistida por la OOSA– es la única plataforma a nivel mundial para la cooperación internacional en las actividades espaciales.[21] El reconocido ex Director de la OOSA Nandasiri Jasentuliyana (1995) explicó que la actividad espacial requiere de la cooperación internacional de una manera particular.

La cooperación internacional es un principio de esencial importancia en las relaciones internacionales y ha sido recogido por la Asamblea General en sus resoluciones desde los inicios de la era espacial. Ejemplos de ello son la Resolución 1348 (XIII),[22] la Resolución 1472 (XIV),[23] la Resolución 1721 (XVI)[24] y la Resolución 1962 (XVIII).[25] Es más, la resolución anual de COPUOS se titula "Cooperación Internacional en los Usos Pacíficos del Espacio Ultraterrestre".

El principio de cooperación internacional también está contenido en los tratados del espacio. De especial relevancia para este trabajo es mencionar que está receptado en el preámbulo y en la parte dispositiva del Tratado del Espacio (en los arts. I, III, IX, X y XI), y en su preámbulo y en el Artículo 4.2 del Acuerdo de la Luna. En 1996, la Asamblea General de las Naciones Unidas adoptó la Resolución 51/122 que recoge la Declaración sobre Cooperación Internacional,[26] la cual ha sido descripta como un instrumento interpretativo autoritativo del Artículo I del Tratado del Espacio (Hobe y Tronchetti, 2015).

Como discusión de trasfondo de dicha declaración existía una diferencia interpretativa entre países desarrollados y en desarrollo sobre cómo debía entenderse la cooperación internacional: como una potestad o como un deber

[21] Ver la resolución adoptada anualmente sobre cooperación internacional en los usos pacíficos del espacio ultraterrestre.

[22] Resolución de la Asamblea General, A/RES/1348 (XIII), 13 de diciembre de 1958.

[23] Resolución de la Asamblea General, A/RES/1472 (XIV), 12 de diciembre de 1959.

[24] Resolución de la Asamblea General, A/RES/1721 (XVI), 20 de diciembre de 1961.

[25] Resolución de la Asamblea General, A/RES/1962 (XVIII), 13 de diciembre de 1963.

[26] Resolución de Asamblea General 51/122, A/RES/51/122, 13 de diciembre de 1996 ("Declaración sobre la cooperación internacional en la exploración y utilización del espacio ultraterrestre en beneficio e interés de todos los Estados, teniendo especialmente en cuenta las necesidades de los países en desarrollo").

(Jasentuliyana, 1994). Los países en desarrollo sostenían que el artículo I del Tratado del Espacio no era sólo una invitación a cooperar, sino que establecía una obligación. Sin embargo, la declaración dejó en claro que era potestad de los Estados determinar cómo cooperarán sobre una base equitativa y mutuamente aceptable, descartando cualquier interpretación que estableciera una cooperación forzosa (Benkö y Schrogl, 2000).

Si bien el Acuerdo de la Luna prevé que a los diez años de la entrada en vigor se revise su texto, a nivel intergubernamental se resolvió no tomar ninguna acción en 1994 (Doc. ONU A/49/20; Doc. ONU A/RES/49/34).

II.4.1 *La Argentina como impulsora del Acuerdo de la Luna*

El desarrollo de la tecnología espacial en la Argentina es tan antiguo como el inicio de la era espacial (De León, 2018; Vilelli y Rus, 2016). En el ámbito multilateral, la Argentina es miembro de COPUOS desde el mismo nacimiento del órgano en 1958 y, como lo demuestran los *travaux préparatoires,* ha sido un Estado activo en la elaboración de los instrumentos legales de derecho espacial, por lo que es apropiado afirmar que es uno de los países fundadores del derecho internacional del espacio.

La Argentina fue el primer país en plantear la necesidad de incluir el tema relativo a la regulación jurídica de los recursos de la Luna. En 1969, presentó una propuesta que consistía en un proyecto de decisión de la Subcomisión de Asuntos Jurídicos, por medio de la cual se incorporaría un punto de agenda relativo al "estatus jurídico de las sustancias, recursos y productos de la Luna" tomando en cuenta que en los meses siguientes varias sustancias serían tomadas de la superficie de la Luna y transportadas a la Tierra (Doc. ONU A/AC/C2./L.54).[27] Dicha propuesta fue luego endosada por Polonia (Doc. ONU A/AC/C.2/L.66)[28] y también por Francia (Doc. ONU

[27] Este documento se encuentra contenido en el Doc. ONU A/AC.105/85.
[28] Este documento se encuentra contenido en Doc. ONU A/7321, p. 32.

A/AC/C2./L.69).[29] Cabe señalar que la Unión Soviética (junto a otros países) solicitó en 1971 que se incluyera un punto de agenda relativo a la preparación de un acuerdo internacional sobre la Luna en la Primera Comisión de la Asamblea General, lo que llevó a la adopción sin votación (Doc. ONU A/8529) de una resolución que solicitaba que la Subcomisión Jurídica de COPUOS que considerara con prioridad la elaboración de un tratado relativo a la Luna.[30]

A un mes de que el primer humano alunizara, la Argentina estaba alentando iniciar un trabajo de desarrollo progresivo del derecho espacial respecto al estatus jurídico de los productos y recursos de la Luna, haciendo un paralelismo con la exhortación que la Asamblea General había hecho respecto a los recursos marinos mediante Resolución 2749 (XXV) (Doc. ONU A/AC/C.2/SR.112).

A partir de esa propuesta argentina, COPUOS acordó que bajo el punto de agenda 3(b) intitulado "La utilización del espacio y los cuerpos celestes, incluso las varias implicancias de las comunicaciones espaciales" se podrían tratar cuestiones relativas a las reglas jurídicas que deberían regir las actividades humanas sobre la Luna y otros cuerpos celestes, incluso el régimen jurídico de sustancias provenientes de la Luna y otros cuerpos celestes (Doc. ONU A/7621).[31]

Así las cosas, las negociaciones del Acuerdo de la Luna se iniciaron en 1970 a partir de un proyecto presentado por la Argentina (Doc. ONU A/AC.105/C.2/L.71),[32] el cual designaba al instrumento que se proyectaba con el título "*Agreement on the Principles governing Activities in the Use of the Natural Resources of the Moon and other Celestial Bodies*". Constaba de un

[29] *Ibid.*

[30] Resolución de la Asamblea General 2779 (XXVI), A/RES/2779 (XXVI), 29 de noviembre de 1971.

[31] Ver Anexo III del documento, p. 21.

[32] Una copia de dicho documento se muestra en el Anexo **B**: Facsímil de la propuesta de la Argentina para un Acuerdo de la Luna (1970), página 145.

preámbulo y cinco artículos. Podemos identificar cuatro elementos centrales en el preámbulo:

1. admitía que las actividades relativas a la utilización de los recursos naturales de la Luna ya habían comenzado;
2. que la humanidad tenía un interés común en su uso para fines pacíficos;
3. que el Tratado del Espacio no había regulado el uso de dichos recursos naturales y que era necesario completar dicho régimen;
4. que el uso del espacio ultraterrestre tenía que ser para el beneficio y en interés de todos los países.

El primer artículo de la propuesta argentina establecía que los recursos naturales de la Luna y otros cuerpos celestes son el patrimonio común de la humanidad. El segundo artículo definía a los recursos naturales como todas las sustancias que se originan en la Luna o en los cuerpos celestes. El tercer artículo establecía una distinción jurídica fundamental entre la utilización de los recursos *in situ* y los que fueran traídos a la Tierra para su utilización. Los últimos dos artículos del proyecto se referían a los beneficios obtenidos a partir de la explotación de dichos recursos. Al respecto, preveían que debían ponerse a disposición de todos los pueblos sin discriminación y que debían promover mejores estándares de vida en consonancia con el art. 55(a) de la Carta de las Naciones Unidas.

Desde que el primer ser humano pisó la Luna hasta la actualidad, la única actividad que se desarrolló en dicho cuerpo celeste fue la exploración y utilización de sus recursos con fines científicos. Es más, el Tratado del Espacio sólo menciona como actividades espaciales la *exploración* y la *utilización* del espacio ultraterrestre en su articulado. De hecho, parte de la doctrina respalda el argumento que la explotación –entendida como actividad que supone el uso pero con fines comerciales– no fue regulada por dicho instrumento (Williams, 1981). Recién el Acuerdo de la Luna –en base a la propuesta argentina– introduce el concepto de *explotación* en el quinto párrafo preambular,[33] en el art. 11.5[34] y en el art. 11.7.[35]

En 1976, y atento el progreso de las negociaciones, la Argentina junto a otros países[36] presentó un documento de trabajo por el cual se proponía una cláusula que específicamente regulara la explotación de los recursos espaciales y la distribución de sus beneficios. El proyecto del entonces art. X *bis* proclamaba el derecho de todos los países a la actividad de *explotación* sin discriminación. Reiteraba una vez más que los recursos de la Luna y de los cuerpos celestes eran patrimonio común de la humanidad. Asimismo, disponía el compromiso de establecer un régimen internacional para el desarrollo de los recursos espaciales de forma ordenada y sustentable, su gestión racional, la expansión de oportunidades en dichas actividades y una distribución equitativa de los beneficios derivados. Indicaba expresamente que se debía tener en cuenta especialmente los intereses y las necesidades de los países en desarrollo y de los que participaran en las actividades. Por medio de una conferencia internacional convocada por el Secretario General se determinaría si el régimen internacional requería ser establecido según el estado de factibilidad de la explotación de recursos. En caso de que la conferencia llegara a la conclusión de que dicho régimen debía establecerse, el Secretario General incluiría un punto de agenda provisorio en la agenda de la sesión siguiente.

[33]Dicho párrafo reza: "Teniendo en cuenta los beneficios que se pueden derivar de la explotación de los recursos naturales de la Luna y otros cuerpos celestes".

[34]El art. 11.5 reza: "Los Estados Partes en el presente Acuerdo se comprometen a establecer un régimen internacional, incluidos los procedimientos apropiados, que rija la explotación de los recursos naturales de la Luna, cuando esa explotación esté a punto de llegar a ser viable. Esta disposición se aplicará de conformidad con el artículo 18 del presente Acuerdo".

[35]El art. 11.7 dispone: "Entre las principales finalidades del régimen internacional que se ha de establecer figurarán: (…) d) Una participación equitativa de todos los Estados Partes en los beneficios obtenidos de esos recursos, teniéndose especialmente en cuenta los intereses y necesidades de los países en desarrollo, así como los esfuerzos de los países que hayan contribuido directa o indirectamente a la explotación de la Luna."

[36]Los otros países son: Brasil, Chile, Indonesia, México, Nigeria, Romania, Sierra Leona y Venezuela.

Hasta que se estableciese ese régimen internacional, no se deberían llevar a cabo actividades de explotación que fueran contrarias a los propósitos del mismo (Doc. ONU A/AC.105/196).[37]

Al comparar el texto del Acuerdo de la Luna que finalmente se adoptó (Anexo **C**: Acuerdo de la Luna (1979), página 147) con la propuesta originaria de la Argentina (Anexo **B**: Facsímil de la propuesta de la Argentina para un Acuerdo de la Luna (1970), página 145) y con los sucesivos documentos de trabajo que presentó nuestro país, se puede apreciar que el Acuerdo de la Luna tal como fue adoptado tiene una fuerte impronta argentina. Hay una serie de elementos fundamentales que receptan la postura de nuestro país, lo que demuestra la capacidad negociadora de nuestros delegados y el profesionalismo de nuestro servicio exterior. Esos elementos son: la aplicación del Acuerdo de la Luna también a otros cuerpos celestes (art. 1 del Acuerdo de la Luna), la incorporación de una cláusula que declara los recursos naturales del espacio patrimonio común de la humanidad (art. 11.1 del Acuerdo de la Luna), la cláusula que dispone que en el futuro se deberá establecer un régimen internacional para la distribución de los beneficios de la explotación de los recursos (art. 11.5 del Acuerdo de la Luna), los propósitos del régimen internacional (art. 11.7 del Acuerdo de la Luna) que reproduce la intención de no crear una moratoria y una cláusula sobre la explotación (art. 11.8 del Acuerdo de la Luna). En la página 25 se puede visualizar un cuadro comparativo al respecto (cuadro II.1).

El Acuerdo de la Luna incorporó la noción de patrimonio común de la humanidad. La Unión Soviética consideraba que el mismo era un concepto más bien filosófico y no jurídico y, por ello, sugería utilizar el mismo lenguaje del Tratado del Espacio: "*province of (hu)mankind*".

[37] Ver el Anexo I del documento, p. 7.

Cuadro II.1 – Comparación entre las propuestas argentinas y el Acuerdo de la Luna.

PROPUESTAS ARGENTINAS	ACUERDO DE LA LUNA
Art. 1 de la propuesta de 1970: *"The natural resources of the Moon and other celestial bodies shall be the common heritage of all mankind".*	**Art. 11.1:** *"The Moon and its natural resources are the common heritage of mankind [...]".* **Art. 1.1:** *"The provisions of this Agreement relating to the Moon shall also apply to other celestial bodies within the solar system, other than the Earth, except insofar as specific legal norms enter into force with respect to any of these celestial bodies".*
Art. X *bis*, párr. 2 de la propuesta de 1976: *"States Parties undertake to establish an international régime governing such exploitation on the basis of the principle that the Moon and its resources are the common heritage of mankind [...]".*	**Art. 11.5:** *"States Parties to this Agreement hereby undertake to establish an international regime, including appropriate procedures, to govern the exploitation of the natural resources of the Moon as such exploitation is about to become feasible [...]".*
Art. X *bis*, párr. 3 de la propuesta de 1976: *"The main objectives of such international regime to be established shall include:* *(a) The orderly and safe development of the natural resources of the Moon;* *(b) the rational management of those resources;* *(c) the expansion of opportunities in the use and exploitation of these resources; and* *(d) an equitable sharing in the benefits derived from those resources.* *The interests and needs of the developing countries, as well as the efforts of those countries which have contributed to the exploration of the moon, shall be given special consideration in this regard".*	**Art. 11.7:** *"The main purposes of the international regime to be established shall include:* *(a) The orderly and safe development of the natural resources of the Moon;* *(b) The rational management of those resources;* *(c) The expansion of opportunities in the use of those resources;* *(d) An equitable sharing by all States Parties in the benefits derived from those resources, whereby the interests and needs of the developing countries, as well as the efforts of those countries which have contributed either directly or indirectly to the exploration of the Moon, shall be given special consideration".*
Art. X *bis*, párr. 6 de la propuesta de 1976: *"[...] all their activities with respect to the moon and its natural resources shall be carried out in a manner compatible with the principle mentioned in paragraph 2 above [...]".*	**Art. 11.8:** *"All the activities with respect to the natural resources of the Moon shall be carried out in a manner compatible with the purposes specified in paragraph 7 of this article [...]".*

En un documento de trabajo, la Argentina explicó que el mayor mérito de reemplazar este último concepto por el más significativo de "patrimonio común de la humanidad" era que se especificaba el comienzo de un accionar, reemplazando una declaración abstracta por un mecanismo operativo. Agregó que la adopción por aclamación de la Resolución de la Asamblea General que declaraba los fondos marinos como patrimonio común de la humanidad era una prueba suficiente para afirmar su contenido legal (Doc. ONU A/AC. 105/196).[38]

En esa misma línea, cabe señalar que el reconocido experto Carl Christol (1980) apoyó la tesis de que tanto "*province of (hu)mankind*" como "patrimonio común de la humanidad" son principios jurídicos. También Stephen Gorove (1983) le asignó carácter legal a este último.

Para la Argentina, la designación de la Luna y sus recursos como patrimonio común de la humanidad aseguraría que los países en desarrollo tuvieran una participación equitativa en los beneficios que resultaran de las actividades en el espacio ultraterrestre, incluida la explotación de recursos naturales (Doc. ONU A/AC. 105/C.2/SR. 291).

Asimismo, gracias a la determinación de la delegación argentina se adoptó una redacción que evitó que la entrada en vigor del tratado estuviera sujeta a la potestad de veto por parte de una de las grandes potencias. Cabe señalar que la cláusula de ratificación de tres de los cinco tratados del espacio exige el depósito del instrumento de ratificación de cinco Estados, incluidos los tres depositarios (Estados Unidos, Reino Unido y la Unión Soviética). Por el contrario, el Acuerdo de la Luna establece que el depositario será el Secretario General y que el tratado entrará en vigor a los treinta días del depósito del quinto instrumento de ratificación, aprobación o aceptación (art. 19.3).

Desde los inicios de las negociaciones, la Argentina imaginó el Acuerdo de la Luna como un instrumento que clarificaría los términos del Tratado

[38] Ver el Anexo I del documento, p. 16.

del Espacio. Esto da la pauta de que fue ideado como un instrumento interpretativo en los términos del art. 31.3 de la Convención de Viena sobre el Derecho de los Tratados (CVDT). Nuestra delegación fue muy clara respecto a los principios que indiscutiblemente debían estar consagrados en el futuro instrumento. Uno de ellos era que los recursos de los cuerpos celestes (y no sólo de la Luna) son patrimonio común de la humanidad. Un punto que sigue siendo discutido hasta la actualidad y que el entonces Jefe de Delegación dejó en claro en todo momento durante las negociaciones es la distinción jurídica entre los recursos utilizados en los mismos cuerpos celestes (*in situ)* y aquellos que fueran traídos a la Tierra. Respecto a los primeros, la apropiación sería legal en tanto fueran utilizados para fines lícitos y respetando los intereses de los otros Estados Partes. En cuanto a los segundos, la postura argentina fue clara y definida: debían ser compartidos teniendo en cuenta la necesidad de promover mejores condiciones de vida en consonancia con los preceptos de la Carta de las Naciones Unidas, los intereses tanto de los países en desarrollo como de los Estados que llevaban adelante tales actividades. Para ello, una autoridad internacional se encargaría "en nombre de la humanidad" de aplicar el derecho y la jurisdicción para solucionar posibles conflictos (Doc. ONU A/AC. 105/C.2/SR. 190).

Es importante resaltar un punto de la posición de la Argentina: nuestro país siempre abogó por un instrumento que regulara los recursos de la Luna y de otros cuerpos celestes conjuntamente, en el entendimiento de que excluir los otros recursos generaría una laguna jurídica inexplicable. Esta postura tiene trazabilidad y consistencia a lo largo de las intervenciones de nuestra delegación y puede verificarse tanto en el primer borrador que la Argentina presentó en 1970, como en las intervenciones que efectuaron los delegados argentinos durante las negociaciones posteriores (Doc. ONU A/AC. 105/C.2/SR. 197).

Uno de los aspectos que fue ampliamente discutido durante los debates fue el establecimiento de una moratoria para las actividades de explotación hasta tanto se estableciera el mecanismo de distribución. En dicha oportunidad, la Argentina nuevamente manifestó su posición consistente con las intervenciones que venía haciendo en el sentido de que las cláusulas propuestas no tenían por fin establecer tal moratoria, y que nuestro país le asignaba gran importancia a los derechos de los Estados que llevaban a cabo actividades en los cuerpos celestes (Doc. ONU A/AC. 105/C.2/SR. 202). Para que ello fuera aún más claro, coincidió con Italia en que era una buena sugerencia incorporar lenguaje en el proyecto de tratado reconociendo el derecho "experimental" de explotación (Doc. ONU A/AC. 105/C.2/SR. 202).

Una intervención que hoy en día –de cara a los dos proyectos más importantes en curso (ver la sección IV.1, página 61 y siguientes)– reviste especial interés es el relacionado al establecimiento de estaciones lunares. En aquel entonces, la delegación argentina promovió que ellas debían regirse por el principio de "la menor ocupación" y que las notificaciones sobre su emplazamiento debían ser obligatorias (Doc. ONU A/AC. 105/C.2/SR. 197).

De forma contundente, la delegación argentina propició la necesidad de asegurar que ningún Estado pudiera apropiarse de los recursos naturales (Doc. ONU A/AC. 105/C.2/SR. 202). Aquí cabe una aclaración temporal: se recuerda que en los años '70 las actividades espaciales eran llevadas a cabo netamente por los Estados. El fenómeno de la privatización de las actividades espaciales empieza a darse como un proceso incipiente y creciente recién en los años '90. Ya en 1999, la Declaración del Milenio Espacial reconoció la "creciente contribución del sector privado a la promoción y realización de actividades espaciales".[39]

[39] El Milenio Espacial: Declaración de Viena sobre el Espacio y el Desarrollo Humano, Tercera Conferencia de las Naciones Unidas sobre la Exploración y Utilización del Espacio Ultraterrestre con Fines Pacíficos (UNISPACE III), celebrada en Viena del 19 al 30 de julio de 1999, ver el preámbulo.

II.4.2 *El Embajador Aldo A. Cocca como alma mater del concepto de "patrimonio común de la humanidad" en el derecho espacial*

Primeramente, iniciaremos esta sección haciendo una breve introducción al concepto de patrimonio común de la humanidad para luego adentrarnos a su inclusión en el Acuerdo de la Luna y a su desarrollo académico por el Embajador argentino Aldo Armando Cocca.

Como fue reseñado en la sección precedente, nuestro país incorporó el concepto de patrimonio común de la humanidad desde el proyecto que presentara en 1970. No existe una definición jurídica de dicho concepto (Porras, 2006). Para una parte de la literatura, el mismo fue usado en el ámbito espacial por primera vez por Cocca cuando lo introdujo en la sesión de COPUOS en 1967 (Cocca, 1981; Wolter, 1985; Zhukov y Kolosov, 2014; Buttigieg, 2016). Como delegado argentino, representó a nuestro país en varias de las negociaciones en COPUOS, entre ellas, las del Acuerdo de la Luna. El mismo especialista en derecho espacial Carl Christol (1980) reconoció y reseñó que el concepto de patrimonio común de la humanidad había sido un principio desarrollado por la doctrina argentina nucleada en torno al embajador argentino.

Otra parte de la doctrina atribuye la autoría del concepto al Embajador de Malta, Arvid Pardo, al hacer su exposición en la Primera Comisión de la Asamblea General el 1° de noviembre de 1967 (Doc. ONU A/C.l/PV. 1515). Al momento del inicio de las negociaciones del Acuerdo de la Luna ya se había adoptado la Declaración de Principios que regulan los fondos marinos y oceánicos y su subsuelo fuera de los límites de la jurisdicción nacional (1970).[40] En su primer párrafo, la resolución declaraba que tanto los fondos marinos como sus recursos son el patrimonio común de la humanidad. En el transcurso de esta investigación hemos podido encontrar un rastro aún más

[40]Resolución de Asamblea General 2749 (XXV), A/RES/25/2749, 12 de diciembre de 1971.

antiguo del empleo multilateral del mismo concepto: en 1958, el Presidente de la Primera Comisión de la Asamblea General, el Príncipe Wan Waithayakon (Tailandia), expresó que "el mar es el patrimonio común de la humanidad" (Doc. ONU A/CONF.13/38).[41]

Cocca refutaba la idea de que la noción de patrimonio común de la humanidad fuera una marca registrada del derecho de los fondos marinos. Era crítico del uso de dicha noción en el derecho del mar ya que sostenía que el carácter político de la Comisión de la Autoridad de los Fondos Marinos había devaluado el principio y lo había desviado de su camino porque le faltaba la base científica y tecnológica que se le había dado en el derecho internacional del espacio (Cocca, 1989). Dado que el Acuerdo de la Luna no es el único instrumento que asigna un *status* especial a un dominio (también lo hace el que rige la Antártida y el de los fondos marinos), según una parte de la literatura –incluido el mismo Cocca– su significado deberá entenderse en su contexto específico (Hobe y Chen, 2017; Griffin, 1981; Khatwani, 2019).

Según Cocca, la noción de patrimonio común de la humanidad tampoco consistía en algo nuevo en el derecho espacial. Para él, ya el Tratado del Espacio de 1967 había insertado esta idea a través del concepto "*province of (hu)mankind*" (Doc. ONU A/AC. 105/C.2/SR. 212; UN Doc. A/AC. 105/C.2/SR. 231). Ese tratado adquiría así un carácter único porque las dos potencias espaciales del momento se habían puesto de acuerdo en dejar de lado sus intereses individuales en pos de un interés más trascendental: el bien común. Asimismo, cabe señalar que el lenguaje que reconoce a la humanidad como sujeto beneficiado en el derecho internacional del espacio es recogido por primera vez en la Resolución de la Asamblea General 1348 (1958),[42] lue-

---

[41] United Nations Conference on the Law of the Sea. Volume II (Geneva, 24 February — 27 April 1958; p. 3, párr. 37). En: https://legal.un.org/diplomaticconferences/1958_los/docs/english/vol_2.pdf

[42] El primer párrafo del preámbulo reza: "*Recognizing the common interest of mankind in outer space* [...]"

go en la Resolución de la Asamblea General 1472 (1959)[43] y en la Resolución de la Asamblea General 1721 (1961).[44] No obstante estos antecedentes, el jurista argentino reconocía que si el Acuerdo de la Luna adoptaba un lenguaje más preciso como el que estaba proponiendo sería el primer tratado en incluir el término "patrimonio común de la humanidad" (Doc. ONU A/AC. 105/C.2/SR. 250).

En el ámbito académico, Cocca presentó una ponencia en el V Congreso de la Asociación Internacional de Astronáutica (Innsbruck, 1954) cuatro años antes del lanzamiento del Sputnik I (Doc. ONU A/AC. 105/C.2/SR. 215). Su exposición en el mencionado congreso se intitulaba en su versión original "*Die Rechtliche Natur des Weltraums*" y se puede obtener una copia en español en una publicación de 1971 titulada "Naturaleza Jurídica del Espacio Interplanetario".[45] En el final de su ponencia recitaba: "*Y entonces el espacio interplanetario será una conquista de y para la humanidad*" (Cocca, 1971). En las sesiones de COPUOS hacía referencia a dicho evento como origen del concepto (Doc. ONU A/AC. 105/C.2/SR. 197).

Con la brillantez de un visionario, en el Primer Simposio de Derecho Espacial de 1958, Cocca ya hablaba de establecer ciertos principios para regir las actividades en la Luna en su ponencia titulada "*Principles for a Declaration with Reference to the Legal Nature of the Moon*". Amerita reproducir el siguiente párrafo dedicado a la explotación de recursos:

> *The existence of natural resources on the Moon is an evident fact. It is therefore necessary to lay down regulations for their exploitation. In this connection, it would be advisable to refer to the principles governing the exploitations of those regions on Earth which are acknowledged to be free, such as the high seas, and to be guided by the established regulations for the utilization of the sea's resources.* (Cocca, 1958: p. 36)

[43] *Ibid.*

[44] *Ibid.*

[45] Título original de la ponencia: Die Rechtliche Natur des Weltraums, en "Berichtüber den V. Internationalen Astronautischen Kongress", Springer-Verlag.

Años más tarde, en un artículo publicado en 1969, sostuvo que la frase "La Luna pertenece a la Humanidad" (título de dicha publicación) no era una expresión de deseos sino que se había transformado en parte del derecho internacional a partir del Tratado del Espacio y que también era derecho argentino porque la Argentina había ratificado dicho instrumento (Cocca, 1969).

A pesar de la falta de una definición universalmente aceptada y aplicable indistintamente a otros dominios con similares características, existe un cierto consenso en que la descripción de un espacio como tal requiere de un mecanismo con autoridad para distribuir de manera equitativa los recursos explotados independientemente del nivel de desarrollo o de participación de los actores en la extracción.

Cocca (1971: p. 146) hablaba de "recurso" cuando el material de los cuerpos celestes era utilizado allí mismo *in situ* y de "producto" cuando fuera transportado a la Tierra y puesto en el mercado, lo que hacía que adquiriera un valor económico. El jurista argentino sostenía que el "recurso" era una *res communis humanitatis* y argumentaba que debido a que el Tratado del Espacio no había definido la condición jurídica del "producto", éste debía ser definido (Entrevista Cocca, 1° de julio de 1969).[46]

En el coloquio Hispano-Argentino sobre el Régimen de la Propiedad en la Luna (Madrid, 30 de octubre de 1971) se adoptaron una serie de conclusiones, entre las que se pueden destacar las dos siguientes:

> **5ta.**: Serán legítimos el aprovechamiento y la utilización in situ de los recursos naturales de la Luna y otros cuerpos celestes, siempre que se hagan con fines lícitos, y de modo no abusivo, ni perjudiquen los mismos derechos de los demás.
>
> **6ta.**: Todos los beneficios derivados de los recursos naturales de la Luna y otros cuerpos celestes que sean traídos a la Tierra, se distribuirán teniendo en cuenta la necesidad de que se alcancen niveles de

[46] Se puede acceder a una copia de dicha entrevista en la publicación: Cocca, A. (1970). *Derecho Espacial para la Gran Audiencia*. Asociación Argentina de Ciencias Aeroespaciales.

> vida más elevados y condiciones de progreso y desarrollo económico y social, conforme el art. 55, inc. a) de la Carta de las Naciones Unidas, contemplando los intereses y necesidades de los países en desarrollo y los derechos de quien realice la actividad. (Cocca, 1982: p. 11)

En el Séptimo Coloquio Internacional de Derecho del Espacio (Varsovia, 1964) Cocca dedicó una sección de su ponencia a lo que vamos a denominar el "tránsito conceptual" de la *res communis omnium* a la *res communis humanitatis*. El elemento patrimonial era fundamental en la idea de "patrimonio común de la humanidad", que difiere del de "*res communis omnium*", noción despojada de todo carácter patrimonial (Cocca, 1971: p. 10).

El patrimonio común de la humanidad no transforma un espacio en una *res nullius* sino, por el contrario, en un espacio de todos o *res communis omnium* que, además, requiere de un régimen especial que garantice el uso racional, una buena gestión y la transmisión a las generaciones venideras (Kiss, 1985; De Faramiñán Gilbert, 2009). Más aún, el patrimonio común de la humanidad encapsula un elemento fundamental de contenido ambiental que consiste en la conciencia de que los recursos se están extinguiendo rápidamente (Christol, 1980). Cocca era un fiel defensor de que existía una diferencia entre la noción de *res communis omnium* y la de *res communis humanitatis*. Esta última era parte de la evolución no sólo semántica sino jurídica de un término que se aplicaba a un objeto de regulación legal cuyo sujeto jurídico era la "humanidad".

En base a los desarrollos jurídicos de 1954 a 1963, Cocca argumentó que la humanidad se había convertido en un nuevo sujeto de derecho: el sujeto de derecho ya no era el Estado ni la comunidad de Estados, sino la humanidad; un sujeto superior que comprende al género humano entero (Cocca, 1971). Para el jurista argentino, la consagración de este nuevo sujeto de derecho que había nacido para y dentro del derecho internacional del espacio (Cocca, 1998) implicaba una "primera revolución jurídica a escala mundial" (Cocca, 1967: p. 124). La humanidad como concepto jurídico era revolucionario porque anulaba –según él– "los beneficios nacionales de los Estados por sus propias actividades y la extensión de la soberanía a las nuevas áreas de conquista" (Cocca, 1969: pp. 14-15).

Otros autores coinciden con la apreciación de que la humanidad como sujeto de derecho es novedosa en el derecho internacional y que habría surgido a partir de los derechos de solidaridad o de tercera generación (Gros Espiell, 1980). Es oportuno interpretar como lo hace el Profesor Armel Kerrest (2014) –posiblemente influenciado por la visión imperante actual del uso sostenible del espacio ultraterrestre– que la humanidad como sujeto no sólo incluye a las generaciones presentes, sino también a las futuras.

Otro de los hitos en la construcción doctrinaria argentina de dicha noción lo podemos rastrear y encontrar en el Quinto Coloquio Internacional de Derecho Espacial (Varna, 1962). En dicha oportunidad, Cocca presentó una ponencia intitulada "*Basic Statute for the Moon and Heavenly Bodies*", en la que explicó que la Luna –al ser el cuerpo celeste más próximo a la Tierra y su satélite natural– generaba interés desde el punto de vista jurídico. Ya en dicha oportunidad, adelantó que era necesario convenir un reglamento para el aprovechamiento común de sus riquezas naturales (Cocca, 1971: p. 101).

En una entrevista brindada para la Radio del Palacio de las Naciones Unidas en Ginebra, Cocca continuó desarrollando esta idea de la "humanidad" como nuevo sujeto de derecho dotado con un patrimonio común. Al respecto, reafirmó con determinación:

> Nunca como hasta ahora se ha dotado a la Humanidad de un patrimonio común. Patrimonio común en el sentido que todo lo que se pueda aprovechar en cualquier forma en el espacio y los cuerpos celestes –comenzando por la Luna– pertenece a la Humanidad. Es un patrimonio comunitario que no tiene precedente hasta la concreción del Tratado de 1967, ley universal que regla la actividad en el espacio. (Entrevista al Emb. Aldo Cocca, 1° de julio de 1969)[47]

En otra entrevista explicó que los cuerpos celestes pertenecen a la humanidad –en términos jurídicos, son *res comunes humanitatis*– y afirmó que ello era una doctrina argentina que había alcanzado consenso universal (Entrevista al Emb. Aldo Cocca, 2 de junio de 1965).[48]

Ahora bien, una pregunta que legítimamente nos podemos hacer es si el patrimonio común de la humanidad se reduce solamente a un concepto o noción sin más o si, por el contrario, tiene un valor jurídico y, como tal, reviste calidad de principio. La determinación del patrimonio común de la humanidad como un principio fue un punto que suscitó discusiones durante nueve años. La delegación argentina fue una fiel defensora de su carácter legal (Cocca, 1981).

Al respecto, es útil recurrir al texto del art. 7 del Acuerdo de la Luna que en su primer párrafo reza en la parte relevante:

> La Luna y sus recursos naturales son patrimonio común de la humanidad.

Complementando dicha norma, el art. 18 establece que cuando se celebre la conferencia para revisar el Acuerdo de la Luna, se deberá estudiar el establecimiento de un régimen internacional para la explotación de los recursos:

> ... sobre la base del *principio* a que se hace referencia en el párrafo 1 de ese artículo. (énfasis propio)

La lectura conjunta de dichas cláusulas sirve de apoyo para confirmar el carácter jurídico del patrimonio común de la humanidad.

[47] Se puede acceder a una copia de dicha entrevista en la publicación: Cocca, A. (1970). *Derecho Espacial para la Gran Audiencia*. Asociación Argentina de Ciencias Aeroespaciales, pp. 115-122.

[48] *Ibid.*, pp. 51-54.

II.5 La Argentina negociadora: el recorrido entre 1970 y 1979

En este capítulo explicamos que el proceso de las negociaciones del Acuerdo de la Luna se dio en un contexto marcado no sólo por hitos científicos y tecnológicos –lo que llevaría a la creación de un marco jurídico reactivo ante los nuevos desarrollos– sino que también hubo otros dos elementos adicionales que marcaron el proceso negociador. Por un lado, considerado como parte del factor geopolítico, las relaciones entre Estados Unidos y la Unión Soviética signadas por la Guerra Fría y un periodo de distensión entre ambas potencias abrieron el camino a un trabajo de cooperación tanto científico-tecnológico como de negociación. Por otro lado, completan este esquema de influencias las conferencias sobre el derecho del mar, las correspondientes al medioambiente y a la Antártida. Tres ámbitos completamente distintos que influenciaron no sólo las discusiones en COPUOS, sino que marcaron profundamente el texto consensuado del tratado que terminó consolidándose como un instrumento novedoso para la época. En definitiva, el análisis que hicimos en las tres primeras secciones de este capítulo intentó demostrar que las negociaciones del Acuerdo de la Luna deben ser comprendidas de manera holística y en un marco multifacético e interdisciplinario.

La sección II.4 (página 17) abordó las negociaciones, examinándolas como un proceso que parte del foro negociador y transita a través del rol protagonista de los delegados argentinos hacia el resultado que es el tratado mismo. El objetivo fue demostrar que la Argentina fue una pionera en la regulación jurídica de la Luna y sus recursos; que fue una visionaria en un momento en el que la explotación minera era ciencia ficción, y fue coherente y congruente a lo largo de los nueve años de negociación. No se trató de una participación marginal ni de acompañamiento de consensos: la Argentina tuvo un rol activo, con un alto grado de iniciativa, con intervenciones jurídicamente sustentables y con espíritu constructivo ante la adversidad y las dudas del resto de las delegaciones. La Argentina demostró estar a la vanguardia en los temas de derecho internacional del espacio y en todo momento bregó por crear un marco jurídico antes de que la brecha que el desarrollo científico y tecnológico generaría causara vacíos, estimulando un pensamiento jurídico más proactivo que reactivo. Nuestro país ha tenido históricamente un gran nivel de formación y nuestros representantes en COPUOS han demostrado manejar las habilidades propias de un avezado diplomático: construir consensos en torno a los principales intereses del país y de los países en desarrollo.

El siguiente capítulo abordará la etapa posterior a las negociaciones, es decir, la entrada en vigor del Acuerdo de la Luna y la postura de la Argentina de no ratificar el tratado.

III

La no ratificación del Acuerdo de la Luna por parte de la Argentina

Hasta el momento, el análisis sobre la ratificación del Acuerdo de la Luna estuvo centrado en factores que se pueden considerar exógenos a la Argentina más que en un estudio endógeno. En otros términos, la no ratificación del Acuerdo de la Luna por parte de la Argentina ha seguido el mismo patrón de comportamiento de la mayor parte de los Estados, sin tomar en cuenta el rol que nuestro país ha tenido en la negociación de dicho instrumento, en su calidad de país en desarrollo y en su histórica posición negociadora en COPUOS.

III.1 Factores exógenos y el efecto manada

Entendemos por factores exógenos aquellos que están relacionados con el actuar de otros Estados, los que con su accionar agregado de alguna manera terminan generando un efecto en manada o lo que en inglés se denomina *bandwagon effect*. Este fenómeno ha sido estudiado en el ámbito de la psicología y de las relaciones internacionales como un catalizador del accionar, tanto individual como grupal. A dicho comportamiento por contagio contribuyen en el caso concreto tres factores que hemos identificado y analizaremos a continuación:

1. el escaso número de ratificaciones del Acuerdo de la Luna,
2. la incerteza respecto al alcance del art. 11 del Acuerdo de la Luna y
3. la eventual inexistencia de un vacío jurídico.

III.1.1 *El escaso número de ratificaciones*

Al día de la fecha, el Acuerdo de la Luna cuenta con tan solo 18 Partes[49] y cuatro Estados son signatarios.[50] Si analizamos cómo está compuesto dicho número, la primera conclusión que podemos derivar es que ninguna de las grandes potencias espaciales es parte del tratado. El otro dato que aporta es que la Argentina, activo impulsor del acuerdo y *alma mater* del concepto de "patrimonio común de la humanidad", no lo ha ratificado. Consultados el Dr. Varotto y el Min. Menicocci al respecto, manifestaron no haber tenido una discusión respecto a la ratificación del tratado en el seno de la CONAE y, si bien fue planteado informalmente a la Consejería Legal de la Cancillería, en ese entonces no se consideró de carácter prioritario y, con el tiempo, tampoco se volvió a plantear interés (Entrevista, 20 de abril de 2023).

En el año 2000, un grupo de delegaciones (en base a una propuesta de Australia) pidió examinar con mayor detenimiento las razones del bajo nivel de ratificación del Acuerdo de la Luna (Doc. ONU A/AC.105/738, párr. 105); lo mismo sucedió el año siguiente (Doc. ONU A/AC.105/763, párr. 31).

[49] Los Estados ratificantes son: Armenia, Australia, Austria, Bélgica, Chile, Kazajstán, Kuwait, Líbano, México, Marruecos, Países Bajos, Pakistán, Perú, Filipinas, Arabia Saudita, Turquía, Uruguay y Venezuela. Cabe hacer notar que Arabia Saudita ha decidido retirarse del tratado, lo que tendrá efectos el 5 de enero de 2024. El estado actualizado de ratificaciones puede ser consultado en el siguiente documento:. En: `https://www.unoosa.org/res/oosadoc/data/documents/2022/aac_105c_22022crp/aac_105c_22022crp_10_0_html/AAC105_C2_2022_CRP10E.pdf`

[50] Los Estados que han firmado pero no ratificado el tratado son: India, Francia, Guatemala y Rumania.

Sin embargo, dicha devolución no se produjo en los años siguientes, tal vez porque algunos Estados no tienen una postura propia, consolidada y fundamentada, lo que respalda que podrían haber actuado bajo el efecto manada al no ratificar el Acuerdo de la Luna.

Al examinar los informes de la Subcomisión de Asuntos Jurídicos de COPUOS, podemos reunir algunas expresiones de cautela respecto a dicho tratado, tales como que es muy prematuro determinar la adecuación del régimen jurídico existente para gobernar la Luna y sus recursos, o que el Tratado del Espacio provee un marco jurídico suficiente y que, por lo tanto, no es necesario otro instrumento adicional. No obstante ello, recientemente algunos Estados han coincidido en la necesidad de complementar el régimen existente (ver la sección IV.5.2, página 86 y siguientes).

En la literatura hemos individualizado algunos argumentos que explicarían por qué las dos principales potencias espaciales no lo han ratificado a pesar de haber consensuado su texto en las negociaciones internacionales. Respecto a los Estados Unidos, Nancy Griffin (1981) afirmó que el Acuerdo de la Luna implicaría un efecto adverso sobre el futuro en la exploración espacial de dicho país a favor de los países en desarrollo y en detrimento de los americanos. Otros autores han destacado el efecto desalentador que el Acuerdo de la Luna tendría en la industria espacial y en las inversiones en el sector (Halket *et al.*, 1983). Cabe reseñar que cuando el tratado se adoptó, en los Estados Unidos hubo una importante campaña en contra del tratado, pergeñada por un grupo denominado *L5 Society*. A fines de los años '70, este grupo reunía activistas a favor de la colonización del espacio. En aquel entonces, publicaba la revista *L5 News* y, a través de ella, logró desplegar una verdadera batalla contra el Acuerdo de la Luna que fue reproducida en otros medios de la época hasta trasladarse al mismo Congreso norteamericano cuando se discutió la potencial ratificación del tratado.[51] El artículo de Helen

[51] Se puede acceder a una transcripción de dicha propaganda en el siguiente enlace: L5 News: Bulletin from the Moon Treaty Front. En: `https://space.nss.org/l5-news-bulletin-from-the-moon-treaty-front/`

Dewar (1979) en el Washington Post bajo el título "*Would-Be Space Colonists Lead Fight against Moon Treàty*" es muy ilustrativo de esta campaña.

Por su parte, autores soviéticos como Gennady Zhukov y Yuri Kolosov (2014) han centrado el eje de las críticas que justificarían la no ratificación del tratado en la "humanidad toda" como sujeto de derecho y obligaciones. Incluso, en una humanidad que en la práctica estaría reducida al puñado de Estados que ratificasen el Acuerdo de la Luna y que se viera beneficiado por las cláusulas en vigor (países en desarrollo) o que hubieran contribuido a la explotación de los recursos (países desarrollados).

En 2007, el Grupo de Trabajo sobre la Situación y Aplicación de los Cinco Tratados de las Naciones Unidas Relativos al Espacio Ultraterrestre (dependiente de la Subcomisión de Asuntos Jurídicos de COPUOS) acordó que la Secretaría compilaría los beneficios que los Estados ratificantes detallaran respecto a ser parte en el tratado (Doc. ONU A/AC.105/891).[52] En otras palabras, en esa oportunidad se propuso el ejercicio inverso al que se había planteado en el 2000: ya no indagar cuáles eran los puntos *débiles* del Acuerdo de la Luna sino cuáles eran los puntos *fuertes* del mismo.

Un grupo de Estados expuso formalmente los argumentos a favor del Acuerdo de la Luna en el año 2008 a través de un documento de circulación limitada (Doc. ONU A/AC.105/C.2/L.272).[53] Ese grupo está compuesto por los siguientes Estados: Austria, Bélgica, Chile, México, Países Bajos, Pakistán y Filipinas. Sus argumentos pueden ser sintetizados del siguiente modo:

- El Acuerdo de la Luna constituye un valor agregado al resto de los tratados del espacio.
- La importante clarificación que provee el art. 11 del Acuerdo de la Luna complementa el principio de no apropiación del art. II del Tratado del Espacio.

[52] Ver el Anexo I del documento, párr. 12.

[53] Este grupo de Estados está conformado por: Austria, Bélgica, Chile, México, Países Bajos, Pakistán y Filipinas.

- El art. 11 del Acuerdo de la Luna es la única cláusula en los cinco tratados del espacio que regula la "explotación" de recursos de dicho cuerpo celeste.
- El Acuerdo de la Luna es un instrumento "proactivo" para lograr consenso respecto al régimen internacional que se establezca en el futuro para la explotación de los recursos de la Luna.
- Hasta el momento no existe otra solución jurídica para la explotación de los recursos de la Luna.
- El Acuerdo de la Luna contribuye a evitar una carrera armamentista en el espacio ultraterrestre.
- El Acuerdo de la Luna representa un compromiso mutuo para establecer una solución multilateral para la explotación de los recursos espaciales.

De ese grupo de Estados, el único que efectuó un aporte adicional de manera individual fue Austria. Expresó su convicción de que el Acuerdo de la Luna facilita la cooperación científica internacional, salvaguarda mejor la vida y la salud de las personas sobre la Luna y los cuerpos celestes y ofrece mayor protección a los vehículos espaciales, instalaciones y equipamiento de los Estados (Doc. ONU A/AC.105/C.2/2013/CRP.18).

En la literatura hemos encontrado algunos argumentos adicionales de apoyo al Acuerdo de la Luna. Un autor belga que participa asiduamente en las sesiones de COPUOS es Jean- François Mayence. En una ponencia en un evento organizado por la prestigiosa Universidad McGill expuso tres argumentos por los cuales Bélgica ha ratificado el Acuerdo de la Luna: a) dar una fuerte señal política luego de la firma, b) para respaldar el derecho internacional del espacio y c) para sostener la idea de que el Acuerdo de la Luna es un marco adecuado para las actividades futuras en la Luna (Mayence, 2007).

En cuanto a Australia, algunos expertos han señalado que los motivos para que dicho país haya ratificado el Acuerdo de la Luna en 1986 se debieron a la política de desarme del entonces Primer Ministro Robert Hawke, quien consideraba que por sobre todas las cosas dicho tratado era un instrumento de desarme y, en consecuencia, deseable (Storr, 2021). Sin embargo, también podemos encontrar un argumento adicional en que Hawke era un acérrimo opositor de la minería en la Antártida, también un denominado espacio común global (*global commons*) como el espacio ultraterrestre.[54] En efecto, el 22 de mayo de 1989 el Primer Ministro Hawke realizó un comunicado conjunto con el Ministro de Relaciones Exteriores y el Ministro de Ambiente expresando la voluntad decidida de Australia de trabajar para proteger el ambiente de la Antártida y reservar sus recursos para la ciencia y la investigación.[55]

III.1.2 *La incerteza respecto al alcance del art. 11 del Acuerdo de la Luna*

La literatura especializada coincide en resaltar algunos inconvenientes que presenta el art. 11 del Acuerdo de la Luna en cuanto a su interpretación y alcance, lo cuales podrían ser resumidos del siguiente modo: en primer lugar, el alcance respecto del concepto de patrimonio común de la humanidad y los obstáculos que ello supondría a la actividad privada, empresarial e industrial. En segundo lugar, se duda respecto a si el art. 11 supone una moratoria. En tercer lugar, el establecimiento de un régimen de distribución de beneficios podría implicar un desincentivo a la industria espacial. A continuación, analizaremos cada uno de estos tres puntos.

a) La cláusula del patrimonio común de la humanidad

En línea con la descripción que realiza David Marko (1993), se pueden distinguir aquí tres enfoques normativos: dos antagónicos y uno intermedio.

[54]Se ha consultado el siguiente enlace: 20th Anniversary of the Hawke Government's action to protect Antarctica. En: `https://www.antarctica.gov.au/news/2009/20th-anniversary-of-the-hawke-governments-action-to-protect-antarctica/` (14 de diciembre de 2009).

[55]Joint Statement with the Minister for Foreign Affairs Trade. En: `https://pmtranscripts.pmc.gov.au/sites/default/files/original/00007607.pdf`, Senator the Hon Gareth Evans Qc and the Minister for Arts, Sport, the Environment, Tourism Territories, Senator the Hon Graham Richardson (22 de mayo de 1989).

Los dos enfoques antagónicos son uno desde el capitalismo de libre mercado (a partir del cual, el actor privado es el sujeto) y el otro desde el concepto socialista de propiedad comunitaria (la humanidad como sujeto). Entre ambos extremos se encuentra el enfoque centrado en el concepto de explotación estatal (el Estado como sujeto).

Algunos autores sostienen que el patrimonio común de la humanidad sería un concepto "socialista" porque es hostil al empresariado y al sector privado. La profesora austríaca Irmgard Marboe (2021: p. 8) puso en duda ese argumento en un taller en Pennsylvania al recordar que en su momento paradójicamente Estados Unidos apoyaba el concepto mientras que la Unión Soviética lo rechazaba. Uno de los autores que ha considerado el patrimonio común de la humanidad como una noción socialista es Art Dula (1979), quien ha criticado el Acuerdo de la Luna describiéndolo como un instrumento que abandona los derechos básicos que la libertad de emprendimiento necesita en el espacio ultraterrestre. Con críticas similares, Timothy Nelson (2011) ha señalado que el Acuerdo de la Luna no requiere desregulación sino que necesita una regulación apropiada que impida, por un lado, la militarización del cuerpo celeste y, por otro, que incentive la actividad privada de explotación. Dicho autor sugirió tres modelos diversos de los cuales se podrían tomar elementos: el Acuerdo de 1994 que regula la Parte XI de la Convemar para los fondos marinos, el Protocolo de Madrid que establece una moratoria de 50 años sobre la Antártida y el régimen de la Unión Internacional de Telecomunicaciones para la asignación de posiciones orbitales. Para el experto neerlandés Frans von der Dunk (2007: p. 256), el problema del Acuerdo de la Luna se resolvería sacando el concepto de patrimonio común de la humanidad.

Este trasfondo ideológico en el concepto de patrimonio común de la humanidad lo podemos sustanciar en dos posibles contextos: uno de carácter político-económico y otro filosófico-religioso.

El primero se relaciona con el origen del llamado Nuevo Orden Económico Internacional. La Resolución 3201 (S-VI) de la Asamblea General, adoptada en 1974 sin votación definía la cooperación internacional como un objetivo compartido y un *deber* común de todos los países.[56] A partir de ello, los países en desarrollo sostenían que el artículo I del Tratado del Espacio[57] no era sólo una invitación voluntaria a la cooperación internacional, sino que imponía una obligación. Las ideas del Nuevo Orden Económico Internacional se filtraron en el ámbito espacial en dos momentos: uno fue en 1978, cuando durante las negociaciones del Acuerdo de la Luna Colombia hizo referencia a ella (Doc. ONU A/AC.105/C.2/SR. 291). El otro momento fue en los años '90, en la negociación de la ya mencionada Resolución 51/122 (ver la sección II.4, página 17 y siguientes).

Desde un punto de vista filosófico–religioso, el fundamento del patrimonio común de la humanidad se remonta a la idea del bien común en la filosofía aristotélica-tomista o, más cercano en el tiempo, en el "principio del destino universal de los bienes" de la doctrina social de la Iglesia. Sobre esto último, cabe hacer referencia a algunas de las enseñanzas del Concilio Vaticano II que podrían haber influenciado el espíritu de época de los instrumentos que se refieren a la humanidad, la equidad y la justicia:

> Dios ha destinado la tierra y cuanto ella contiene para uso de todos los hombres y pueblos. En consecuencia, los bienes creados, deben llegar a todos en forma equitativa bajo la égida de la justicia y con la compañía de la caridad. (*Gaudium et Spes*, 1965, n. 69 § 1)

No es un detalle menor que este pensamiento se haya cristalizado en torno a los años '60 y que, tiempo después, el concepto de "patrimonio común

[56]Resolución de la Asamblea General, Resolución 3201 (S-VI), 1 de mayo de 1974, ver párr. op. 3.

[57]El tercer párrafo reza: "El espacio ultraterrestre, incluso la Luna y otros cuerpos celestes, estarán abiertos a la investigación científica, y los Estados facilitarán y fomentarán la cooperación internacional en dichas investigaciones".

de la humanidad" haya ingresado al derecho del mar y al derecho espacial. Podemos encontrar una referencia explícita a dicho concepto en el Compendio de la Doctrina Social de la Iglesia elaborado por encargo del Papa San Juan Pablo II. Uno de sus párrafos reza del siguiente modo:

> Los nuevos conocimientos técnicos y científicos deben ser puestos al servicio de las necesidades primarias del hombre, para que crezca así el patrimonio común de la humanidad. (Compendio de la DSI, 2005: párr.179)

b) La existencia o no de una moratoria

Hasta el presente se discute si el Acuerdo de la Luna debe interpretarse como un instrumento que establece una prohibición de las actividades de explotación en el *interim* hasta que se establezca el régimen de distribución de los recursos. Es posible interpretar que el Acuerdo de la Luna no impone moratoria alguna –no sólo en base a los *travaux préparatoires*– (ver la sección II.4.2, página 29 y siguientes) sino en base al mismo texto del tratado que permite la "extracción con fines científicos", es decir, para explorar la posibilidad de que en el futuro exista "extracción con fines comerciales". En esa línea se concentran algunos autores (Khatwani, 2019).

Sin embargo, otra lectura es que el Acuerdo de la Luna sí establece una moratoria ya que dispone que sólo se pueden *usar* recursos con fines científicos y en cantidades apropiadas para llevar a cabo las correspondientes misiones (art. 6.2). Es decir, la explotación no está regulada en esta cláusula como sí lo hace el art. 11, por lo que interpretaciones en contra de una moratoria a la *explotación* como la que hizo Estados Unidos al adoptarse el texto del proyecto del tratado serían contradictorias con el mismo texto del acuerdo (Dula, 1979). Más aún, el art. 11.5 pareciera dejar en claro que el régimen internacional para distribución de los beneficios debe ser establecido *antes* de que la explotación sea posible, reforzando la idea de una moratoria.

Para algunos autores, existiría una suerte de moratoria *de facto* que surgiría por la falta de claridad del régimen jurídico. Ello llevaría a un estado de incertidumbre jurídica que impactaría adversamente en el sector privado, caracterizado por cierta cautela antes de invertir durante una o dos décadas en tecnología de punta para explotar recursos sin saber cuál será su retorno (Marko, 1993; Nelson, 2011).

Ahora bien, la inclusión del concepto de "patrimonio común de la humanidad" no puede ser entendida como una noción antagónica al desarrollo económico. Para sustanciar dicha postura, es ilustrativo transcribir un breve pasaje escrito por Cocca (1982): "Los países con capacidad tecnológica y capitales suficientes no pueden demorar el desarrollo de la actividad económica en el Espacio y los cuerpos celestes" (p. 12). En esa línea, en una mesa redonda sobre el encuadre jurídico de la actividad económica en el espacio (Córdoba, 27 de junio de 1981), Cocca clarificó que no se iban a imponer moratorias, condicionamientos o medidas de fuerza al sector empresarial, pero a la vez señaló que las actividades debían ser en beneficio de todos por tratarse de un patrimonio común de la humanidad. Es oportuno reproducir textualmente una de las conclusiones de dicho evento: "Corresponde a los Estados alentar la explotación de los citados recursos naturales mediante una legislación adecuada y medidas económicas favorables, en ejercicio de la competencia que ha sido reconocida por el Tratado de 1967" (Cocca, 1982: p. 102).

c) El establecimiento de un régimen de distribución de beneficios

¿Qué se entiende por distribuir los beneficios? No significa solamente compartirlos en la etapa final de la distribución, sino que implica ser parte en todo el proceso, lo que incluye la transferencia de tecnología (Cocca, 1982). Algunos autores que se oponen al Acuerdo de la Luna han puesto de relieve que esto daría un gran poder a los países en desarrollo porque los pondría en pie de igualdad en términos técnicos con los desarrollados. Además, el sistema de distribución comunitario se regiría por la toma de decisiones de un voto cada Estado, lo que redundaría en más peso para los países en desarrollo que son numéricamente más.

Respecto a las dudas que genera esta futura distribución, algunos autores destacan con tono tranquilizador que la distribución "equitativa" no es sinónimo de "igualitaria" (Christol, 1980: p. 483). Otros argumentan que la distribución monetaria obligatoria no está prevista en el art. 11 del Acuerdo de la Luna, pero que si los Estados acuerdan que así sea, puede llegar a ser una solución (O'Brian, 2020). En la declaración conjunta que hicieron algunos Estados Partes en el Acuerdo de la Luna, éstos señalaron que el tratado no excluye ninguna modalidad para la explotación ni prohíbe el trato comercial, en la medida en que sea compatible con los requerimientos del régimen de patrimonio común de la humanidad (Doc. ONU A/AC.105/C.1/2008/CRP.11).

III.1.3 *La eventual inexistencia de un vacío jurídico*

Una parte de la doctrina sostiene que hasta tanto no exista un régimen parecido al establecido en el derecho del mar, el principio del beneficio común receptado en el art. I del Tratado del Espacio debería ser entendido de modo "negativo", es decir, como que permitiría cualquier actividad siempre y cuando no sea contraria a los intereses de los demás Estados (von der Dunk, 2007: p. 253). En la misma línea, algunos autores han señalado que en la actualidad coexisten dos regímenes: el del Tratado del Espacio (con amplia aceptación) y el del Acuerdo de la Luna (con escasa aceptación), por lo que aquellos que no estén obligados por este último estarán sujetos a las disposiciones paragua del primero (Davis y Lee, 1999). Esto implica que aquellos Estados que son partes en el Acuerdo de la Luna estarán regidos por él por imperio de la *regla lex posterior* y *lex specialis derogats lex generalis* receptada en el art. 34 de la CVDT. Los otros Estados estarán regidos por el Tratado del Espacio que no regula la explotación.

Sobre esto último, cabe hacer referencia a la ampliamente conocida doctrina que la Corte Permanente de Derecho Internacional asentó en el fallo *Lotus*, considerado uno de los pilares del sistema de derecho internacional. A partir de él, los Estados pueden hacer todo lo que no está prohibido. Basándose en el principio que reconoce que "todo lo que no está prohibido por el derecho internacional está permitido", el tribunal examinó en el caso referido si existía una norma de derecho internacional que prohibiera a Turquía perseguir penalmente a un extranjero a bordo de un buque francés cuando los efectos del delito se habían producido en el buque turco (SS Lotus, 1927). El tribunal sostuvo que no podían presumirse restricciones a la independencia de los Estados, sino que era necesaria una norma prohibitiva aceptada por el Estado para limitar su actuar.

Este principio ha sido objeto de varias críticas y la doctrina no es uniforme respecto a su vigencia. En la opinión consultiva sobre Kosovo, el juez Simma criticó el voto mayoritario que había reinterpretado la cuestión planteada por la Asamblea General que consultaba si la declaración de independencia de Kosovo era "conforme con el derecho internacional" y la había transformado en un análisis respecto a si el derecho internacional prohibía la declaración de independencia (Kosovo, 2010). En su declaración, Simma caracterizó como anacrónico y extremadamente consensualista el enfoque basado en el principio Lotus, según el cual el Tribunal consideraba que –al no existir una prohibición– la declaración era conforme con el derecho internacional. Concluyó señalando una diferencia entre la existencia de una norma permisiva y la inexistencia o el silencio sobre la existencia de una norma. Simma continuó argumentando que la inexistencia de una prohibición no implica necesariamente que la conducta sea lícita, sino que existen ámbitos que el derecho internacional aún no ha llegado a regular o que, de hecho, nunca lo hará.

Los especialistas en derecho internacional del espacio tampoco mantienen una postura uniforme. En una publicación relativamente reciente, von der Dunk (2021: p. 196) sostuvo que las cláusulas del Tratado del Espacio que cristalizan el uso y la exploración del espacio ultraterrestre como competencia de toda la humanidad han insertado el principio de Lotus en el derecho espacial. Por el contrario, otros comentaristas descartan la aplicación de dicho principio al derecho internacional del espacio argumentando que el límite impuesto a lo que no está prohibido es el interés y los derechos de otros Estados en virtud del principio del interés público mundial en el espacio ultraterrestre (Jakhu, 2006).

Este punto abre algunos interrogantes: si efectivamente no existiese una laguna jurídica,

- ¿por qué algunos Estados se preocupan por llenarlo con derecho doméstico?,
- ¿por qué algunos Estados consideran necesario sumarse a un conjunto de principios como los Acuerdos de Artemisa?,
- ¿por qué la mayoría de los Estados estiman necesario una regulación a nivel internacional?

Este trabajo demostrará en el capítulo V que efectivamente hay aspectos que requieren de una regulación y que, tratándose de un dominio común global, requieren de una regulación multilateral en el marco de las Naciones Unidas.

III.2 Razones endógenas

En términos generales, entendemos por razones endógenas los argumentos que se relacionan intrínsecamente con nuestro país y que buscan dar respuesta de una manera más individualizada al accionar en la materia. Las razones endógenas –a diferencia de las exógenas– no son transpolables en su conjunto a otros actores; por lo cual, el accionar basado en razones endógenas da lugar a un comportamiento "a medida".

En el caso concreto, entendemos por razones endógenas aquellas condiciones políticas, económicas y científico-tecnológicas que específicamente caracterizan en el ámbito espacial a la Argentina desde el origen del Acuerdo de la Luna hasta el presente y que permiten elaborar una política espacial teniendo en cuenta elementos propios y no ajenos.

III.2.1 *La Argentina como país en desarrollo*

En primer lugar, si bien no hay dudas de que la Argentina es un país en desarrollo (Informe ONU, 2023: p. 116), no existe una definición de tal término. Estrictamente en el ámbito espacial, ya hace varios años la Secretaría de COPUOS señaló que ni la Asamblea General ni el Consejo Económico y Social de las Naciones Unidas habían establecido una definición o una lista de países en desarrollo (Doc. ONU A/AC.105/607).[58]

A pesar de la carencia de una definición, la noción está profundamente enraizada en el trabajo de COPUOS y en el sistema que rige las actividades en el espacio ultraterrestre. En efecto, los países en desarrollo han logrado un papel destacado en la gobernanza global del espacio; no sólo como negociadores activos del derecho internacional del espacio (Jamschon Mac Garry, L., 2021a), sino también como sujetos protegidos por varias disposiciones que integran el plexo normativo del espacio. En esa línea, es importante destacar que la Resolución de la Asamblea General 51/122 anexa una declaración para la cooperación internacional en materia espacial teniendo especialmente en cuenta los intereses de los países en desarrollo.

Estos últimos tienen una serie de intereses en materia espacial que defienden y que son centrales en su posición de grupo en los foros multilaterales, tanto en el ámbito regional –canalizados a través del GRULAC– como en el ámbito extra regional, expresados a través del grupo del G77+China. Dentro de ese conjunto de reivindicaciones irrenunciables se pueden mencionar: el

---

[58]Naciones Unidas. En: Report of the Legal Subcommittee on the work of its Thirty-fourth Session.. En: https://https://www.unoosa.org/pdf/reports/ac105/AC105_607E.pdf

acceso equitativo al espacio ultraterrestre y, en particular, a la órbita geostacionaria; la no militarización del espacio y el no emplazamiento de armas en el espacio y los cuerpos celestes; la formación de capacidades; la delimitación del espacio extraterrestre del espacio aéreo; la responsabilidad común pero diferenciada en materia de contaminación espacial y la producción de desechos espaciales; la transferencia de tecnología; la cooperación internacional como eje del crecimiento y el desarrollo espacial; la utilización de aplicaciones espaciales para el desarrollo socioeconómico; la protección de los cielos oscuros y silenciosos, entre otras. Ciertamente, la Argentina defiende todas esas causas.

Otra manera de describir a los países en desarrollo es considerar que tienen limitantes particulares en la formación de capacidades espaciales, en muchos casos por la falta de estructuras jurídico-administrativas adecuadas (como puede ser la inexistencia de agencias espaciales nacionales y/o normativa apropiada) o por la carencia de recursos económicos (cabe señalar que la industria espacial es una de las más costosas); que acceden a una la limitada formación de recursos humanos en ciencias relacionadas al desarrollo aeroespacial; que tienen contextos socio-políticos que en muchos casos hacen difícil atraer capitales extranjeros para invertir en el sector y brindarles seguridad jurídica, o que sus políticas son erráticas porque se mueven al compás de los programas políticos de turno.

En el caso de la Argentina, muchas de estas últimas variables no se verifican: la Argentina fue el primer país en América Latina en crear su agencia espacial exclusivamente civil en 1991:[59] la Comisión Nacional de Actividades Espaciales (CONAE).[60] Dicha institución propone políticas para la promoción y ejecución de actividades espaciales y para la creación de tecnologías nacionales innovadoras en todo el territorio nacional. Incluso, previo a su nacimiento, nuestro país ya había recorrido un largo camino espacial de la mano de Teófilo Tabanera, quien fundó en 1960 la Comisión Nacional de Investigaciones Espaciales (CNIE), predecesora de la actual agencia espacial.

No es casual que gracias a Tabanera, la Argentina fuera sede por primera vez en la historia del Congreso Internacional de Astronáutica. El mismo se llevó a cabo en Mar del Plata, del 5 a 10 de octubre de 1969 y contó con la presencia de la tripulación del Apolo 11: Armstrong, Aldrin y Collins (De León, P. *et al*, 2017).

El Dr. Conrado Varotto tuvo un rol protagónico en la gestación de la CONAE junto con el Min. Félix Menicocci, diplomático de carrera, quien fuera durante muchos años su Secretario General y uno de los artífices del decreto de creación de la agencia espacial. Bajo la presidencia del Dr. Varotto, la CONAE elaboró su primer Plan Espacial Nacional (PEN), el que fue aprobado el 28 de noviembre de 1994 por medio del Decreto Presidencial 2076/1994.[61] Ese primer PEN se extendió de 1995 a 2006, lo que abarcó los gobiernos del entonces Presidente Carlos Menem, Fernando De la Rúa y Néstor Kirchner. Posteriormente se han realizado varias revisiones[62] y hasta el día de hoy se considera el PEN una "política de Estado".[63] En otras palabras, a 27 años de su creación inicial trasciende los colores políticos.

El dominio de todo el ciclo de producción y lanzamiento de objetos espaciales es altamente costoso; no obstante ello, la Argentina –como se reseñará en el próximo capítulo– ha colocado en órbita once satélites y cuenta con la tecnología y el capital humano para desarrollar un cohete lanzador. Nuestro

[59] La Argentina creó la CONAE a través del Decreto 995/91. Ver en: Créase la Comisión Nacional de Actividades Espaciales (CONAE), 28 de mayo de 1991.. En: http://servicios.infoleg.gob.ar/infolegInternet/anexos/5000-9999/6295/texact.htm

[60] Brasil lo hizo en 1994 y México en 2010.

[61] Decreto 2076/1994. Apruébase el Plan Espacial Nacional y sus acciones previstas para el período 1995–2006 (28 de noviembre de 1994). En: http://servicios.infoleg.gob.ar/infolegInternet/anexos/10000-14999/14118/norma.htm

[62] Reciente información sobre el Plan Espacial Nacional. En: https://www.argentina.gob.ar/ciencia/conae/plan-espacial

[63] El Plan Nacional Espacial cumple 27 años (28 de noviembre de 2021). En: https://www.argentina.gob.ar/noticias/el-plan-nacional-espacial-cumple-27-anos

país ha dado nacimiento a tres empresas de alta tecnología con capacidad para dominar dicho ciclo que son INVAP, ARSAT y VENG. Más aún, por medio de la Ley 27.208 ha declarado el desarrollo de la industria de satélites geostacionarios como política de Estado y de prioridad nacional.[64]

INVAP S.E. (sociedad del Estado) nació en 1976 a través de un acuerdo entre el gobierno de la provincia de Río Negro y la Comisión Nacional de Energía Atómica, básicamente como un proyecto de científicos egresados del Instituto Balseiro, como el Dr. Varotto. Esta empresa fue la protagonista en el diseño y construcción de los satélites de aplicaciones científicas (SAC). En aquellos años se empezó a hablar de "soberanía tecnológica". En palabras de su actual Gerente General, Vicente Campenni, ello implica "hacer lo necesario para adaptar la tecnología a nuestras necesidades reales como país y como pueblo que tiene su propia idiosincrasia" (Roca, 2023).

ARSAT –Empresa Argentina de Soluciones Satelitales S.A.– fue creada por el gobierno nacional en 2006 para diseñar, desarrollar y construir en el país satélites geoestacionarios, lo que se enmarcó en el denominado Proyecto Nacional Industrial Satelital. Uno de los principales objetivos de esta empresa fue preservar y explotar las posiciones orbitales que se le habían asignado a nuestro país a través de la Unión Internacional de Telecomunicaciones (72° y 81° Oeste). Cabe recordar que hasta entonces la Argentina sólo hacía uso de la posición orbital 72° mediante Nahuelsat, un satélite de capitales extranjeros cuya vida útil terminó en 2007.

Finalmente, VENG S.A. es la otra empresa que trabaja de manera estrecha con la CONAE (accionista mayoritario de la misma), tanto en el desarrollo satelital como en la creación de medios para acceder al espacio (el Proyecto Tronador II y III). Asimismo, desde 2019 comercializa las imágenes de los satélites SAOCOM a varios países del mundo, lo que convierte al país en

[64] Ley 27.208. Ley de Desarrollo de la Industria Satelital Argentina (4 de noviembre de 2015). En: http://servicios.infoleg.gob.ar/infolegInternet/anexos/250000-254999/254823/norma.htm

miembro de un pequeño grupo de actores que vende imágenes de radar de sus propios satélites de observación.

Los párrafos precedentes dan cuenta del andamiaje administrativo, jurídico y científico-tecnológico que sentó las bases del país con la trayectoria espacial que hoy tenemos. La próxima sección hará un breve repaso por la historia espacial de la Argentina a partir de la CONAE.

III.2.2 *La Argentina como país con un alto desarrollo espacial*

La Argentina inicia la etapa de desarrollo espacial en el ámbito civil con los primeros acuerdos de cooperación internacional con la NASA para el desarrollo de los satélites de la serie SAC. El SAC-B fue el primero de la serie de satélites científicos, que tuvo por fin hacer estudios astronómicos y astrofísicos. El SAC-A fue una misión conjunta con la agencia espacial norteamericana para ensayar la tecnología satelital: la construcción estuvo a cargo de INVAP y el lanzamiento fue ejecutado por la NASA el 4 de diciembre de 1998. Casi dos años más tarde se desarrolló el SAC-C, que estuvo trece años en órbita y fue el primer satélite argentino de observación de la Tierra. Fue el resultado de la cooperación de nuestro país con la NASA, la ASI, el INPE, la CNES, la agencia espacial de Dinamarca y el sector académico nacional. De los nueve instrumentos que llevaba a bordo, cuatro habían sido fabricados en la Argentina. La información obtenida durante su vida útil fue de gran valor en diversas áreas, como la agricultura, la geología y la gestión de desastres.

Años más tarde, el 10 de junio de 2010 se lanzó el SAC-D/Aquarius, nuevamente en el marco de la estrecha colaboración que nuestro país tenía con la NASA y con otras agencias espaciales. Este satélite tenía por fin observar el clima, el océano y el medioambiente. Estuvo operativo cuatro años, como planeado, y fue un proyecto de gran importancia en materia climática ya que permitió la confección de mapas de salinidad del mar a nivel global, el monitoreo de los glaciares de la Antártida y el seguimiento otros fenómenos naturales como huracanes.

Luego de la serie SAC, el país desarrolló la constelación de Satélites Argentinos de Observación con Microondas (SAOCOM). El SAOCOM 1A y 1B fueron lanzados en 2018 y 2020, respectivamente. Estos satélites son de vanguardia porque cuentan con radares de apertura sintética en banda L que permite efectuar mapas de humedad del suelo en cualquier condición meteorológica. En este caso, los satélites forman parte de un proyecto de cooperación con Italia e integran el Sistema Ítalo-Argentino de Satélites para la Gestión de Emergencias (SIASGE). En palabras del Director Ejecutivo y Técnico de la CONAE, Raúl Kulichevsky, estos satélites "representan hasta el momento la evolución y maduración de la CONAE y de las instituciones del sistema científico tecnológico y empresas que han trabajado con nosotros" y la muestra de que "cuando existe continuidad de políticas de estado, objetivos de mediano plazo y una apuesta a la formación de recursos humanos, podemos llegar a desarrollar tecnologías de avanzada, únicas en el mundo" (CONAE, 2021: p. 71).

Nuestro país no sólo ha desarrollado satélites de observación de la Tierra, sino que además es uno de los pocos países que puede desarrollar sus propios satélites geostacionarios. El 16 de octubre de 2014, la Argentina lanzó el ARSAT-1 desde la Guyana Francesa. Fue nuestro primer satélite lanzado a 36.000 km. Ocupó la posición orbital 72° Oeste que nuestro país tenía asignada por parte de la UIT. Hasta el día de hoy brinda servicios de internet y televisión digital a todo el territorio nacional y a sectores de países limítrofes (tiene una vida útil de entre 15 y 18 años). Dicho satélite fue fabricado por INVAP con la guía de ARSAT. Este hecho significó un hito de gran relevancia para el país, lo que ameritó que estando en aquel entonces en la Misión

[65] Anexo I a la Ley 27.208.

[66] Información y fotos del evento disponibles en Presentación del Plan Espacial Argentino - Exhibición Maquetas ARSAT 1 Y Tronador II (6 de febrero de 2015). En: `https://etria.cancilleria.gob.ar/en/node/18746`

Permanente de la Argentina ante los Organismos de las Naciones Unidas en Viena, organizáramos un evento con la presencia de la entonces Directora de la OOSA, Simonetta Di Pippo, en el que presentamos los avances tecnológicos del país, adelantamos el Plan Satelital Geostacionario Argentino 2015-2035[65] y dejamos instalada en el sector permanente de exhibiciones de la OOSA en el edificio de las Naciones Unidas una maqueta del ARSAT-1 y del Tronador II.[66] El 30 de septiembre de 2015, el segundo satélite geostacionario argentino ARSAT-2 fue lanzado y ubicado en la posición orbital 81° Oeste para dar cobertura a toda la región.

Otro de los capítulos del plan espacial de la Argentina se refiere al acceso al espacio. Para colocar satélites artificiales en órbita o para realizar misiones en el espacio ultraterrestre se requiere disponer de vehículos lanzadores capaces de transportar los objetos espaciales. Su desarrollo, actividad que antiguamente era realizado por la cartera de defensa, pasó a integrar las potestades de la CONAE, que actualmente ejecuta el Proyecto Tronador II/III para desarrollar vehículos lanzadores experimentales.

La Argentina cuenta con tres centros espaciales para dar soporte a nuestras misiones satelitales: el Centro Espacial Teófilo Tabanera (en la Provincia de Córdoba) y los Centros Espaciales Punto Indio y Manuel Belgrano, ambos en la Provincia de Buenos Aires. Tiene tres estaciones terrenas para el control y seguimiento satelital: una en Córdoba, otra en Tierra del Fuego y otra en la Antártida. Finalmente, tiene dos estaciones de espacio profundo: una en Mendoza (DeepSpace 3) y otra en Neuquén (CLTC-CONAE-Neuquén), las cuales con antenas de gran tamaño para dar soporte a misiones de la ESA y de China a más de 300.000 km de distancia de la Tierra.

Nuestros científicos no sólo se han valido de la provechosa capacitación que ha surgido de programas de cooperación con otras agencias espaciales, sino que también –a través del Instituto de Altos Estudios Espaciales Mario Gulich– nuestro país capacita personal de otros países, principalmente de la región. El Instituto fue creado en 1997, inspirado en el Instituto Balseiro (en el ámbito nuclear), producto de la unión estratégica entre la CONAE y la Universidad Nacional de Córdoba.

En definitiva, estos treinta años de vida de la CONAE han marcado una constante y sostenida evolución que ha guiado al país por la senda del conocimiento científico, del desarrollo industrial, de la política espacial, de la alta formación en tecnología e ingeniería espacial y de la práctica de la cooperación internacional. Nuestro país tiene muchos activos que nos permiten ser considerados un país desarrollado en materia espacial.

III.3 La Argentina espacial: desde 1960 hasta la actualidad

Este capítulo intentó brindar una argumentación alternativa a la que normalmente se suele dar basada en el comportamiento de manada y sugerir que hay razones endógenas que hacen suponer que la explicación de la no ratificación del Acuerdo de la Luna por parte de nuestro país es más pragmática que de principios.

En la Argentina, muchas de las variables de los países en desarrollo que podrían haber marcado una *performance* espacial deficitaria no se dieron: la Argentina tuvo una extensa historia espacial desde los años '60, en los últimos treinta años cimentó una política de Estado en materia espacial y trabajó por consolidar su soberanía tecnológica. Desarrolló una industria espacial propia apuntalando el ciclo productivo con empresas de capitales estatales y/o mixtos y con la colaboración entre Estado y sector académico. Superó las dificultades de modestos presupuestos para ciencia y tecnología, en comparación con los de las grandes potencias, aliándose a ellas para lograr sinergias.

Al mismo tiempo la Argentina sigue bregando por los intereses de los países en desarrollo y se identifica con ellos. Trabaja y coordina posiciones en los respectivos grupos regionales o políticos con el fin de lograr los objetivos que pueden asegurar un cierto equilibrio en el uso de un dominio común global tan particular como es el espacio ultraterrestre. Y la importancia de este *global commons* no sólo radica en su potencial para lograr el bienestar de las sociedades que acceden a los beneficios del espacio a través de sus diversas aplicaciones, sino para preservar la existencia de la humanidad toda.

Si bien la Argentina tiene una altísima formación tecnológica, una importante estructura cimentada en más de treinta años de trayectoria espacial para usos civiles y pacíficos y busca constantemente objetivos ambiciosos, no está en sus planes a corto plazo llegar a la Luna, ni involucrarse en proyectos de minería espacial. Al menos eso surge de la lectura de los actuales proyectos de PEN y de las conversaciones mantenidas con diversos actores. Ello no significa que las puertas estén cerradas, sino que por el momento no es una prioridad en torno a la cual se concentren esfuerzos y se comprometan recursos.

En consecuencia, podemos considerar a la Argentina como un país en desarrollo en materia espacial *sui generis*: comparte y brega por los intereses de dicho grupo, pero tiene una gran capacidad espacial, tanto en el ámbito científico-tecnológico (como lo estamos demostrando en este capítulo) como en el ámbito jurídico (como lo hemos demostrado en el capítulo precedente). Ello nos lleva a afirmar en términos figurados que la Argentina puede sentir con el "corazón" de un país en desarrollo y pensar con el "cerebro" de un país desarrollado. Tal vez ello sirva de explicación al por qué de la no ratificación del Acuerdo de la Luna, a pesar de haber participado activamente en su negociación y de haber sido el impulsor de la cláusula del patrimonio común de la humanidad.

El próximo capítulo abordará el resurgimiento de la exploración de la Luna y el progreso en el estudio de los aspectos jurídicos vinculados a los desafíos que ello trae aparejado.

IV

La coyuntura internacional actual

Cincuenta años después de aquel histórico día en que el primer ser humano pisó la Luna se despliega un renovado interés por la exploración de la Luna. Dentro de las motivaciones que lo motorizan se pueden mencionar las siguientes: por un lado, la posibilidad de poner a prueba tecnologías nuevas para explorar otros rincones del espacio profundo y, por otro, evaluar posibilidades de vida en un ambiente de baja gravedad y alta radiación.

IV.1 El renovado interés por volver a la Luna

Estados Unidos (NASA) espera desplegar al menos cuatro misiones robóticas en la Luna[67] y desarrollar su Programa de Artemisa. China (CNSA) logró que su misión Chang'e-4 con carga útil de Alemania, Suecia, Países Bajos y Arabia Saudita alunizara en el lado oscuro del satélite natural.[68] En 2020, la misión Chang'e-5 regresó a la Tierra con más de un kilo y medio de muestras de la Luna y en 2023 fue premiada por sus logros por la Academia Internacional de Astronáutica en su 74° Congreso Internacional, celebrado en

[67]The Robotic Exploration of the Moon.. En: `https://moon.nasa.gov/exploration/history/`
[68]China welcomes world's scientists to collaborate in lunar exploration.. En: `http://www.cnsa.gov.cn/english/n6465652/n6465653/c6805232/content.html`

Bakú. Rusia (ROSCOSMOS) había lanzado su sonda Luna-25 para explorar una zona próxima al polo sur de la Luna.[69] Lamentablemente, no pudo lograr su objetivo ya que en agosto de ese mismo año, por un error en el aterrizaje, se estrelló contra la superficie lunar y dejó un cráter sin poder completar su misión. Ambos países firmaron un acuerdo de cooperación para construir una estación internacional de exploración de la Luna.[70]

India (ISRO) se convirtió en el cuarto país en llegar a la Luna al lanzar exitosamente su misión Chandrayaan-2 en julio de 2019 con el fin de explorar el polo sur lunar.[71] En agosto de 2023, dicho país se convirtió en el primer país en alunizar en ese sector inexplorado del cuerpo celeste con su misión Chandrayaan-3. La importancia estratégica de dicho hito radica en que en el polo sur se encuentran depósitos de agua congelada, lo que sería el sustento necesario para misiones a Marte al poderse dividir la molécula H_2O en hidrógeno para combustible y oxígeno para respirar. En adición a la importancia científico–tecnológica del evento, India capitalizó ese logro como una clara muestra de *soft power* en un año en el que detentaba la Presidencia del G20.

La Agencia Espacial Europea (ESA) trabaja en la actualidad en cuatro misiones de exploración en la Luna con otras agencias espaciales para probar tecnología europea en la Luna (Misión PILOT), extraer y estudiar muestras (Misión PROSPECT), utilizar recursos naturales *in situ* y producir agua potable y oxígeno (Misión ISRU), así como estudiar una posible interacción robótica y humana en la Luna (Misión Heracles).[72]

Japón (JAXA) planea conocer el interior de la Luna con su satélite Luna-A y así poder determinar, por un lado, el tamaño del núcleo rico en hierro y,

---

[69]Soft landing device installed on Russia's Luna-25 mission spacecraft . En: https://tass.com/science/1550209

[70]China and Russia sign a Memorandum of Understanding Regarding Cooperation for the Construction of the International Lunar Research Station. En: http://www.cnsa.gov.cn/english/n6465652/n6465653/c6811380/content.html

[71]Chandrayaan-2 . En: https://www.isro.gov.in/Chandrayaan_2.html

[72]Lunar Exploration – ESA's missions. En: https://www.esa.int/Education/Teach_with_the_Moon/Lunar_Exploration_ESA_s_missions

por otro, el flujo de calor que produce para conocer el nivel de elementos radiactivos capaces de generar calor en su interior.[73]

Israel (ISA) está cooperando con Alemania y Estados Unidos en el Programa Artemis I aportando los chalecos anti-radiación que han sido colocados a los maniquíes Zohar y Helga, producidos por la Agencia Espacial Alemana (DLR), que viajan en la cápsula Orion (NASA).[74] Esta última es el vehículo que llevará seres humanos a la Luna en el marco del Programa de Artemisa de la NASA. A diferencia de Apolo que podía transportar tres astronautas a la Luna, Orion tiene capacidad para una tripulación de seis miembros no sólo rumbo a la Luna sino también al planeta rojo.

Emiratos Árabes Unidos (MBRSC) planea alunizar su robot Rashid en superficies no exploradas de la Luna en 2024 con el fin de recoger y enviar datos e imágenes sobre sus hallazgos, así como evaluar las capacidades del país para embarcarse en misiones a Marte.[75] Los datos crearán una base de conocimientos que ayudará a construir una estación de investigación en la Luna y responder preguntas relacionadas con la formación del sistema solar. El *rover* probará nuevas técnicas de exploración que contribuirán a poner a prueba las capacidades del país antes de embarcarse en misiones tripuladas a Marte.

De estos proyectos, hay dos que reproducen la bipolaridad de los orígenes de la Era Espacial: la Plataforma Orbital Lunar Gateway (NASA y socios)[76] y la Estación Internacional de Investigación Lunar (ROSCOSMOS, CNSA y socios).[77] Ambos se plantean como proyectos concurrentes para investigar las

---

[73] Lunar Exploration Satellite "LUNAR-A". En: `https://global.jaxa.jp/projects/sat/lunar_a/index.html`

[74] Innovative Israeli Radiation Vest on Artemis I Mission is on its way to the Moon. En: `https://www.space.gov.il/en/news-space/132901`

[75] Space science and technology. En: `https://u.ae/en/about-the-uae/science-and-technology/key-sectors-in-science-and-technology/space-science-and-technology`

[76] Gateway News Releases. En: `https://www.nasa.gov/gateway/overview`

[77] International Lunar Research Station.. En: `https://www.unoosa.org/documents/pdf/copuos/2021/AM_3._China_ILRS_Guide_for_Partnership_V1.0Presented_by_Ms.Hui_JIANG.pdf`

condiciones en la Luna con la posibilidad de establecer presencia humana con cierta permanencia. Estados Unidos ya ha seleccionado tres propuestas para desarrollar un sistema de energía de superficie por fisión con el fin de generar energía nuclear en la Luna, el cual podría estar listo para su lanzamiento a finales de la década y podrá servir para las misiones interplanetarias en el marco del Programa de Artemisa.[78]

IV.2 Iniciativas legislativas nacionales para explotar los recursos de la Luna

Desde la práctica doméstica de los Estados, hay cuatro países que tienen legislación nacional para regular la minería espacial: el primero de los países fue Estados Unidos (2015, 2017 y 2020), seguido por Luxemburgo (2017), Emiratos Árabes Unidos (2019) y Japón (2021). La Argentina, por su parte, contó con un proyecto de ley que no logró sancionarse (2019). En ese orden serán abordados cada uno a continuación.

IV.2.1 *Estados Unidos*

En Estados Unidos todo comenzó con la *Public Law* 114-90 del 25 de noviembre de 2015,[79] cuyo Título IV está dedicado a la exploración y utilización de los recursos espaciales. La misma promueve la industria espacial y la explotación comercial de los recursos espaciales. Asimismo reconoce derechos a los ciudadanos norteamericanos involucrados en dichas actividades. Es interesante destacar que al final de dicha sección la ley incorpora un *disclaimer* por el cual deja asentado que con dicha legislación Estados Unidos no pretende afirmar soberanía o derechos exclusivos o jurisdicción sobre, o

[78]NASA Announces Artemis Concept Awards for Nuclear Power on Moon. En: https://www.nasa.gov/press-release/nasa-announces-artemis-concept-awards-for-nuclear-power-on-moon

[79]*Public Law* 114-90 (25 de noviembre de 2015).. En: https://www.govinfo.gov/content/pkg/PLAW-114publ90/pdf/PLAW-114publ90.pdf

la propiedad de ningún cuerpo celeste (ver sec. 403. *disclaimer of extraterritorial sovereignty*). El Comité de Ciencia, Tecnología y Espacio de la Cámara de los Representantes argumentó en su informe en el que recomendaba aprobar la ley que la extracción, posesión y utilización de recursos de cuerpos celestes *in situ* no debe interpretarse como un acto de "apropiación nacional por reivindicación de soberanía, mediante el uso o la ocupación, o por cualquier otro medio".[80] Algunos autores han indicado que este habría sido el inicio del "capitalismo espacial" que se inauguró con el Presidente Barack Obama y continuó con Donald Trump (Tronchetti y Liu, 2018: p. 423).

Luego siguió con la *Space Policy Directive-1* [81] del 11 de diciembre de 2017 que prevé que los socios comerciales de Estados Unidos participen en un "programa innovador y sostenible" dirigido por dicho país para liderar el regreso de los seres humanos a la Luna para su exploración y utilización a largo plazo, lo que continuaría con misiones humanas a Marte y a otros destinos.

Y, finalmente, en 2020 el entonces Presidente Donald Trump firmó la *Executive Order* 13914 [82] reconociendo que existía incertidumbre sobre el derecho a extraer y utilizar los recursos espaciales y sobre el derecho aplicable, lo que habría disuadido a algunas entidades comerciales de participar en dicha empresa. Dicha norma tiene tres aspectos que ameritan subrayarse:

1) Indica que Estados Unidos no considera que el Acuerdo de la Luna sea un instrumento eficaz o necesario para guiar a los Estados en la promoción de la participación comercial en la exploración a largo plazo,

[80]Disponible en: SPACE RESOURCE EXPLORATION AND UTILIZATION ACT OF 2015. En: http://www.congress.gov/congressional-report/114th-congress/house-report/153/1

[81]Amendment to Presidential Policy Directive-4 (11 de diciembre de 2017). Presidential Memorandum on Reinvigorating America's Human Space Exploration Program. En: https://trumpwhitehouse.archives.gov/presidential-actions/presidential-memorandum-reinvigorating-americas-human-space-exploration-program/

[82]Executive Order 13914. En: https://www.federalregister.gov/executive-order/13914 (6 de abril de 2020).

el descubrimiento científico y el uso de la Luna, Marte u otros cuerpos celestes.

2) Señala que el Acuerdo de la Luna no refleja derecho consuetudinario.

3) Afirma que Estados Unidos no considera al espacio ultraterrestre un espacio común global (*global commons*).

IV.2.2 *Luxemburgo*

Este país, si bien no es una potencia espacial, fue el segundo en sancionar legislación en el rubro con el fin de atraer empresas en el sector para que se establezcan en su territorio. El 20 de julio de 2017 sancionó la Ley sobre la Exploración y Utilización de los Recursos Espaciales.[83] La misma establece que los ministros competentes deberán extender una autorización a la empresa que desee embarcarse en una misión de exploración y utilización de recursos espaciales, siempre que la misma sea luxemburguesa o que sea una empresa europea registrada en Luxemburgo. La solicitud debe estar acompañada por un plan y programa de la misión, así como una descripción financiera de los medios aplicables al proyecto. Establece una tasa en un rango de entre 5.000 y 500.000 euros según la complejidad del caso. Finalmente, dispone penas y multas para el caso de operadores que contravengan la normativa.

De acuerdo a los insumos presentados para el nuevo grupo de trabajo en el marco de COPUOS (ver la sección IV.5.2, página 86 y siguientes), el comentario a la Ley sobre la Exploración y Utilización de los Recursos Espaciales señala que el estatus jurídico de los cuerpos celestes está regido por el Tratado del Espacio (no apropiación), mientras que el de los recursos naturales no está regulado y que es distinto del primero.[84]

---

[83] Law of July 20th 2017 on the exploration and use of space resources.. En: `https://legilux.public.lu/eli/etat/leg/loi/2017/07/20/a674/jo/en`(20 de Julio de 2017)

[84] Comentario disponible en: Luxembourg-20221216-WG-SR-LU-Contribution.pdf. En: `https://www.unoosa.org/documents/pdf/copuos/lsc/space-resources/LSC2023/StatesResponses/Luxembourg_-_20221216_WG_SR_LU_Contribution.pdf`

IV.2.3 *Emiratos Árabes Unidos*

Emiratos Árabes Unidos viene haciendo una fuerte apuesta al sector espacial desde 2014, cuando creó su joven agencia espacial. El 19 de diciembre de 2019 sancionó la Federal Law No. 12[85] que regula la mayor parte de las actividades espaciales. Su art. 18 está dedicado a la exploración, explotación y utilización de los recursos espaciales. Dicha cláusula prevé la emisión de un permiso para dichas actividades, que será emitido por el Consejo de Ministros o por quien tuviera dicha función delegada.

IV.2.4 *Japón*

Japón tiene una larga trayectoria espacial y es el cuarto Estado en dictarse normativa nacional para la minería espacial. La Ley 83[86] entró en vigor el 23 de diciembre de 2021 y tiene por objetivo promover la explotación comercial de los recursos espaciales llevada a cabo por operadores privados. Establece como requisito la obtención de una licencia concedida por el Primer Ministro en consulta con el Ministro de Economía, Comercio e Industria para determinar si se cumplen los parámetros legales. La solicitud de dicha licencia fue reglamentada mediante la Orden del Gabinete N° 73 de 2021[87] que adopta el formulario para hacer la solicitud. Junto con ésta la operadora privada debe presentar un plan de actividades, incluyendo el propósito, el plazo, el lugar, los métodos, el contenido de la actividad de *exploración* y un plan financiero para cubrir los gastos. La normativa establece que la persona que obtiene la licencia es propietaria de los recursos extraídos.

---

[85] EAU: Federal Law No. (12) of 2019 on the regulation of the space sector (19 de diciembre de 2019). En: `https://www.moj.gov.ae/assets/2020/Federal%20Law%20No%2012%20of%202019%20on%20THE%20REGULATION%20OF%20THE%20SPACE%20SECTOR.pdf.aspx`

[86] Japan: Space Resources Act Enacted (23 de junio de 2021). En: `https://www.loc.gov/item/global-legal-monitor/2021-09-15/japan-space-resources-act-enacted/`

[87] Japón: Cabinet Order Nr. 73 of 2021. En: `https://www8.cao.go.jp/space/english/resource/documents/act73_2021.pdf`

El 4 de octubre de 2022, Japón otorgó la primera licencia bajo esta ley a la *start-up* japonesa "ispaceinc." y el plan de trabajo puede ser consultado en el sitio web oficial de la Oficina de Gabinete.[88]

IV.2.5 *Argentina*

En línea con ese pequeño grupo de países, la Argentina contó con un proyecto legislativo de minería espacial que fue presentado por el Senador Federico Pinedo el 3 de junio de 2019.[89] Dentro de los fundamentos del proyecto, se incluyeron –aunque de manera inexacta– otros países como antecedentes y se expresó el deseo de alentar empresas del sector a que se radiquen en nuestro país. Si bien el expediente caducó el 28 de febrero de 2021, y más allá de la discusión sobre la conveniencia de una ley de tales características, es necesario destacar dos errores técnicos en la fundamentación que obra en el mismo proyecto: por un lado, afirma que la prohibición del art. II del Tratado del Espacio aplica sólo a los Estados, pero no a los particulares que pongan su capital en actividades de riesgo intensivo. Tal conclusión desconoce lo estipulado en el art. VI del mismo instrumento, el cual establece la responsabilidad internacional del Estado por las actividades privadas,[90] un aspecto *sui generis* del derecho internacional del espacio (Jamschon Mac Garry, 2022).

El segundo error técnico es fundamentar que el proyecto se adecua al marco legal vigente en nuestro país, haciendo referencia a la Ley 17.989 que

[88] Applying for a License Related to the Exploration and Development of Space Resources. En: `https://www8.cao.go.jp/space/english/resource/application.html`

[89] Proyecto de Ley de Minería Espacial N°1644/19 (3 de junio de 2019). En: `https://www.senado.gov.ar/parlamentario/comisiones/verExp/1644.19/S/PL`

[90] El art. VI del Tratado del Espacio reza en su parte relevante lo siguiente: "Los Estados Partes en el Tratado serán responsables internacionalmente de las actividades nacionales que realicen en el espacio ultraterrestre, incluso la Luna y otros cuerpos celestes, los organismos gubernamentales o las entidades no gubernamentales, y deberán asegurar que dichas actividades se efectúen en conformidad con las disposiciones del presente Tratado. Las actividades de las entidades no gubernamentales en el espacio ultraterrestre, incluso la Luna y otros cuerpos celestes, deberán ser autorizadas y fiscalizadas constantemente por el pertinente Estado Parte en el Tratado (…)".

aprueba el Tratado del Espacio. Al respecto, cabe señalar que más importante que dicha ley son las obligaciones internacionales que emanan del tratado y que éste tiene jerarquía superior a las leyes de acuerdo a nuestra Constitución Nacional. Más aún, desde el punto de vista del derecho internacional, el derecho doméstico es un mero hecho, en virtud de la regla consuetudinaria codificada en el art. 27 de la CVDT.[91]

IV.3 *Estudios académicos sobre la legalidad de la explotación de recursos*

La posibilidad en el horizonte de la explotación de recursos en el espacio y el consecuente debate en torno a las iniciativas legislativas y a su derivación en términos del derecho internacional del espacio ha dado lugar a que prestigiosos *think tanks* incluyeran en sus respectivas agendas el tema para su estudio. Cabe señalar que en general en estas iniciativas académicas suelen coincidir expertos que también participan en COPUOS, ya sea como delegados de los observadores permanentes o de algunos países; por lo tanto, sus aportes son de un gran valor ya que conocen la dinámica de las negociaciones intergubernamentales.

IV.3.1 *International Law Association (ILA)*

La ILA se fundó en Bruselas en 1873 y actualmente tiene su sede en Londres. De acuerdo a su instrumento constitutivo, sus objetivos son "el estudio, la clarificación y el desarrollo del derecho internacional, tanto público como privado, y el fomento de la comprensión internacional y el respeto del derecho internacional" (art. 3.1).[92]

[91] Dicha norma reza: "Una parte no podrá invocar las disposiciones de su derecho interno como justificación del incumplimiento de un tratado (...)"

[92] La Constitución de la ILA se encuentra disponible en el documento: International Law Association. Constitution of the Association. En: `https://www.ila-hq.org/en_GB/documents/constitution-english-adopted-johannesburg-2016-1`

Sus labores están divididas en comités, siendo uno de ellos el Comité Espacial, que ha sido presidido desde 2001 hasta recientemente por la profesora argentina Dra. Silvia Maureen Williams. La ILA es observador permanente en COPUOS desde 1990.

En la 70° Conferencia de la ILA en Nueva Delhi (2002), el Comité Espacial abordó la revisión de los tratados del espacio de cara a las actividades comerciales en el espacio ultraterrestre. Ello fue la continuación de un trabajo que había comenzado en la 69° Conferencia en Londres en (2000), en la que había considerado que, dado el escaso número de ratificaciones, el Acuerdo de la Luna necesitaría algunas enmiendas (A/AC.105/C.2/2004/CRP.6, p. 4).

La Resolución 1/2002 de la ILA contiene un párrafo que explícitamente reconoce la compatibilidad entre el concepto de "patrimonio común de la humanidad" con los usos comerciales del espacio. Dicho párrafo reza del siguiente modo:

> *CONSIDERING FURTHER that the common heritage of mankind concept has developed today as also allowing the commercial uses of outer space for the benefit of mankind, and that certain adjustments are suggested to article XI of this Agreement concerning the international regime to be set up for the exploitation of moon resources, which will make it more realistic in today's international scenario.* (Resolución ILA, 2002)

En aquella oportunidad, la ILA se centró en discutir si el lenguaje "*common heritage of (hu)mankind*" debía ser retenido o si requería ser desechado. Este aspecto suscitó opiniones encontradas: mientras algunos expertos respaldaban sustituir dicho concepto por el de "*province of (hu)mankind*" en línea con el art. I del Tratado del Espacio; otros consideraron útil retenerlo, teniendo en cuenta el antecedente en derecho del mar y la práctica que había surgido en torno al Acuerdo de Implementación de 1994 de la Parte XI de la Convemar y la Declaración sobre Cooperación (Resolución de la Asamblea

General 55/122). Como lo señaló el Profesor alemán Stephan Hobe, a pesar de las divergencias, un punto de coincidencia entre ambos ámbitos es reconocer que las formas rígidas de cooperación entre Estados en desarrollo y Estados desarrollados se había abandonado y que los términos de cooperación entre ambos debían ser acordadas y no impuestas (Hobe, 2004).

En cumplimiento de la Resolución 1/2002 se solicitó al Secretario General de la ILA que remitiese el informe del Comité Espacial a COPUOS. Un resumen explicativo fue circulado como documento de dicho órgano de las Naciones Unidas (Doc. ONU A/AC.105/C.2/2004/CRP.6).

IV.3.2 *International Institute of Space Law (IISL)*

El IISL se fundó en 1960 con el fin de promover el desarrollo progresivo del derecho espacial y expandir el estado del derecho en la exploración y utilización del espacio ultraterrestre con fines pacíficos, entre otros.[93] Al igual que la ILA, el IISL es una organización con carácter observador en COPUOS.

En 2015, la Junta Directiva adoptó por consenso un documento en el que sentó su posición respecto a la explotación de los recursos espaciales. Al respecto, concluyó que el derecho espacial internacional no prohibía la explotación de los recursos espaciales (IISL position paper, 2016).

Una de las conclusiones a las que llegó es que no hay acuerdo respecto a si la libertad de utilización consagrada en el art. I del Tratado del Espacio incluye el derecho a tomar y consumir los recursos minerales y agua de los cuerpos celestes. Otro punto que señaló es que el art. 11 del Acuerdo de la Luna era sólo exigible a los Estados Partes (en ese entonces sólo 16) ya que no se había transformado en una norma consuetudinaria. En consecuencia, estableció que no habiendo una norma que prohibiese "tomar" los recursos espaciales, ello estaría permitido. El documento deja un punto importante

[93]Estatutos del IISL. En: `https://iislweb.space/wp-content/uploads/2022/01/IISLSTATUTES_2013.pdf`

sin resolver, que es el relativo a la determinación de los derechos de propiedad respecto a dichos recursos extraídos (IISL, 2016, punto II).

El IISL concluyó recomendando que para aquellos puntos que quedaban abiertos tal vez sería necesario acordar algunas reglas internacionales (IISL, 2016, punto III). En 2016, el IISL informó sobre los avances en su estudio sobre minería espacial, lo que fue circulado como documento de COPUOS (Doc. ONU A/AC.105/C.2/108).

IV.3.3 *Grupo de Trabajo de La Haya sobre Gobernanza de los Recursos Espaciales*

Otra iniciativa de tipo académico que cabe destacar es la del Grupo de Trabajo sobre Gobernanza de los Recursos Espaciales del Instituto Internacional de Derecho Aeronáutico y Espacial. Dicho Instituto fue fundado en 1985 en la Universidad de Leiden (Países Bajos) y cuenta con una importante oferta académica en formación en derecho aeronáutico y espacial. A diferencia de los otros dos casos reseñados previamente, este no se trata de una organización con estatus observador en COPUOS.

Dicho grupo mantuvo reuniones desde 2016 a 2019 en las que participaron actores gubernamentales, del sector privado y de la academia (Doc. ONU A/AC.105/C.2/2016/CRP.17). De sus labores resultó un documento con 20 "componentes fundamentales" para un marco internacional para la explotación de los recursos espaciales (Grupo de Trabajo de La Haya, 2019). Otro trabajo más extenso con comentarios fue difundido al año siguiente. Dicha iniciativa no se posicionó respecto a la dicotomía a favor o en contra del Acuerdo de la Luna, sino que más bien se centró en diseñar un estudio preliminar basado en los principios fundamentales del Tratado del Espacio. Un elemento adicional que es importante destacar de dicho trabajo es que toma como eje central el "principio de la gobernanza adaptativa", es decir, no intenta crear un marco para todo tipo de actividades relacionadas a los recursos espaciales, sino un marco evolutivo que se vaya desplegando a la par de los desarrollos tecnológicos.

Esa veintena de "componentes fundamentales" incluye establecer como objetivo un ambiente propicio para desarrollar actividades relativas a los recursos espaciales tomando en cuenta los intereses y beneficios de todos los países y la humanidad. Asimismo, incorpora una serie de definiciones, como la de "recursos espaciales" y "actividades relativas a los recursos espaciales". Establece una serie de principios, entre los que cabe señalar los siguientes: que el marco regulatorio tiene que ser congruente con el derecho internacional; que tiene que estar diseñado para promover el desarrollo sostenible; que los recursos extraídos deben ser utilizados con fines exclusivamente pacíficos; que se deben llevar adelante consultas en los términos del art. IX del Tratado del Espacio; que debe tender a generar certeza jurídica a los operadores y tomar en cuenta especialmente los intereses de los países en desarrollo. Otro de los elementos que forma parte de este estudio es la recomendación de que un futuro marco legal deberá reconocer qué derechos se generan en torno a los recursos extraídos asegurando la observancia del art. II del Tratado del Espacio (no apropiación).

En este caso fue la delegación de Países Bajos la que presentó los avances de este estudio a la Subcomisión Jurídica de COPUOS en 2019 (Doc. ONU A/AC.105/1203). El año siguiente, el resultado de esta iniciativa fue presentado por Luxemburgo y Países Bajos (Doc. ONU A/AC.105/C.2/L.315). Esto generó confusión y algo de malestar entre los Estados que propician un abordaje intergubernamental en el seno de la Subcomisión de Asuntos Jurídicos de COPUOS.

IV.3.4 *Taller de expertos de Vancouver sobre minería espacial*

Al igual que la anterior, esta se trata de una iniciativa surgida en el seno de una universidad; en este caso, en el Instituto Peter Wall para Estudios

Avanzados de la Universidad de British Columbia (Canadá). El resultado de dicho taller fue presentado en marzo de 2020 y consiste en un documento con las "Recomendaciones de Vancouver sobre Minería Espacial", que tienen el fin de complementar los "componentes fundamentales" desarrollados por el Grupo de Trabajo de La Haya.[94]

Si bien este documento no toma una posición sobre la interpretación del art. II del Tratado del Espacio, lo importante es que reconoce que hay posturas contradictorias y que, hasta tanto no se adopte una interpretación que sea aceptada universalmente, ninguna podrá tornarse obligatoria (recomendación II). El documento rechaza como inadecuado adoptar legislación doméstica para regular la minería especial (recomendación III). Acertadamente, sugiere la necesidad de adoptar un mecanismo multilateral para negociar un instrumento que asegure la minería espacial de forma responsable y sostenible (recomendación IV). Para lo cual, menciona diversas alternativas que van desde una resolución de la Asamblea General; una reunión de Estados del Tratado del Espacio; la activación del art. 18 del Acuerdo de la Luna o un mecanismo *ad hoc* (recomendación VI). En dicho contexto, sugiere que los Estados analicen otros mecanismos que puedan tener analogías, como el de la minería en los fondos marinos y/o establecer una autoridad supervisora. A diferencia de los anteriores estudios, este alerta a los Estados sobre ciertos peligros derivados de la minería espacial, entre otros: la destrucción completa de un asteroide resultante de dichas actividades; problemas de contaminación tanto en el espacio ultraterrestre por objetos y organismos que vayan de la Tierra y contaminación de la Tierra por objetos u eventuales organismos que se traigan del espacio; que los desechos espaciales generen interferencias con satélites y objetos espaciales funcionales; que se generen amenazas para la Tierra por desprendimientos de asteroides y meteoritos o por el cambio or-

[94] Vancouver Recommendations on Space Mining (20 de abril 2020). En: `http://www.outerspaceinstitute.ca/docs/Vancouver_Recommendations_on_Space_Mining.pdf`

bital de cuerpos celestes a raíz de dichos desprendimientos (recomendación VII).

IV.3.5 *Moon Village Association (MVA)*

En 2017 se creó esta organización no gubernamental con sede en Viena y con estatus observador en COPUOS, que tiene por fin servir de foro informal para actores gubernamentales y no gubernamentales, como la industria y la academia y que estén interesados en el futuro asentamiento humano en la Luna. La MVA elaboró un documento con trece mejores prácticas para actividades sustentables en la Luna que, en términos generales, reflejan principios fundamentales del derecho internacional del espacio y disposiciones del Tratado del Espacio con vistas a crear un asentamiento humano en dicho cuerpo celeste (MVA, 2020).

Se destacan cuatro de sus puntos: el punto 6 incorpora la implementación de las Directrices sobre Sostenibilidad de las Actividades en el Espacio Ultraterrestre, adoptadas en COPUOS (Doc. ONU A/74/20, Anexo II). Por otro lado, el punto 7 alienta a los actores espaciales a promover actividades privadas en la Luna, como el turismo espacial y la extracción de recursos. Por su parte, el punto 8 prácticamente reproduce el contenido del segundo párrafo de la Sección 10 de los Acuerdos de Artemisa, es decir que las actividades relativas a recursos espaciales no constituyen inherentemente una apropiación de los cuerpos celestes. Finalmente, el punto 9 deja entrever la necesidad de crear en el futuro un registro de actividades lunares para evitar conflictos.

IV.3.6 *Space Generation Advisory Council (SGAC)*

La SGAC es una organización no gubernamental con sede en Viena y con estatus observador en COPUOS desde 2001. Con el fin de abordar la gobernanza lunar, estableció el *Action Team on Effective and Adaptive Gover-*

nance for a Lunar Ecosystem (EAGLE, por sus siglas en inglés), el que elaboró un extenso informe que propone una "Carta de la Gobernanza Lunar", un documento que debería negociarse preferentemente en COPUOS bajo un punto de agenda a crearse bajo el título de "Gobernanza adaptativa para las Actividades Pacíficas y Sostenibles en la Luna" (EAGLE, 2021).

El informe identifica doce temáticas que deberían incluirse en este futuro documento, de carácter flexible y basado en el principio de gobernanza adaptativa. Dentro de esos tópicos se destaca la creación de listas regularmente actualizables de patrimonio científico en la Luna, las zonas seguras en la Luna, la notificación de actividades lunares, explotación de recursos de la Luna, la identificación de recursos escasos en listas periódicamente actualizables, la inclusión de medios pacíficos de solución de controversias como el arbitraje y el acceso a la Corte Internacional de Justicia.

IV.3.7 *For All Moonkind*

Es también una organización no gubernamental con sede en Nueva York y que tiene estatus observador en COPUOS desde 2018. Su mandato está enfocado en lograr proteger el patrimonio de la Luna dejado por la misión Apolo, para lo cual ha promovido en los Estados Unidos la ya mencionada "*One Small Step Act*". Asimismo, mantiene un registro de patrimonio lunar y ha elaborado la "Declaración de Objetivos y Actividades relativas al Patrimonio Cultural en el Espacio Ultraterrestre" para respaldar la creación de estándares de protección para los sitios de valor cultural en la Luna.

IV.4 Los Acuerdos de Artemisa y la exploración lunar

Los Acuerdos de Artemisa están contenidos en un documento que fue presentado el 13 de octubre de 2020 durante el 71° Congreso de la Asociación Internacional de Astronáutica. En dicha oportunidad fue firmado por representantes de las agencias espaciales de Australia, Canadá, Italia, Japón, Luxemburgo, Emiratos Árabes Unidos, Reino Unidos y los Estados Unidos.[95]

Estos acuerdos incluyen un conjunto de puntos a los que se tienen que comprometer los Estados que quieran participar en el Programa de Artemisa. Dicho programa está destinado a retornar humanos a la Luna (la primera mujer y la primera persona de color). Otro objetivo es establecer la presencia humana por tiempo prolongado a través de la Plataforma Orbital Lunar Gateway (ver la sección IV.1, página 61 y siguientes) y, de allí, finalmente poder llegar a Marte, lo que –a efectos de reducir costos– requerirá la utilización de los recursos espaciales *in situ*. Esta estrategia de concebir a la Luna como una escala necesaria hacia el espacio profundo ya había sido adelantada por Cocca en 1965, cuando describió a la Luna como una verdadera "servidumbre de tránsito interplanetario" (p. 386).

IV.4.1 *Naturaleza jurídica de los Acuerdos de Artemisa*

La primera sección de los Acuerdos de Artemisa describe el propósito y ámbito del documento, que es establecer una visión compartida sobre un conjunto de principios y mejores prácticas sobre la exploración y utilización del espacio ultraterrestre. La literatura es uniforme al coincidir en que son compromisos políticos y que no son jurídicamente vinculantes (ESPI 46, 2021). Algunos de ellos son una reproducción de principios establecidos en el Tratado del Espacio y otros son una reformulación de dichos principios como una manera de reforzar su propia versión del derecho internacional del espacio. Una parte de la literatura los ha descripto como un intento de los norteamericanos de legitimizar una desviación o interpretación propia del Tratado del Espacio (Tronchetti y Liu, 2021) o, al menos, como una interpretación controversial y no compartida universalmente (ESPI 46, 2021; Smith, 2021).

[95] Acuerdos de Artemisa (13 de octubre de 2020). En: https://www.nasa.gov/wp-content/uploads/2022/11/Artemis-Accords-signed-13Oct2020.pdf

Aquellos que los respaldan, los han elogiado por su potencial para crear una práctica estatal a favor de la propia política norteamericana y, con ello, eventualmente facilitar el camino hacia la creación de una costumbre internacional relativa a la explotación de los recursos espaciales (Smith, 2021). En palabras de Walker Smith (2021) "*The US is not waiting for an international consensus to form but rather is forming that consensus itself*" (p. 691). Rachel Neef (2021) ha planteado la preocupación de que iniciativas como esta y una potencial contrapartida de Rusia y China creando un marco regulatorio de cooperación con otros socios para la Estación Internacional Lunar de Investigación puedan terminar generando una bipolarización de cómo el derecho espacial debe interpretarse.

Lo cierto es que, a diferencia del Acuerdo de la Luna, los Acuerdos de Artemisa no son una apuesta multilateral, sino que para algunos autores es una iniciativa reguladora doméstica de los Estados Unidos que refleja sus intereses y su propia política (Tronchetti y Liu, 2021). No obstante ello, una de las cláusulas finales de los Acuerdos de Artemisa prevé que el instrumento sea *transmitido* al Secretario General de las Naciones Unidas para circularlo como documento de dicha organización. Esta cláusula contribuye a la confusión sobre la naturaleza jurídica del instrumento ya que el art. 102 de la Carta de las Naciones Unidas se refiere al "depósito" de "tratados y acuerdos internacionales". De acuerdo al art. 2 de la CVDT, un tratado es "un acuerdo internacional celebrado por escrito entre Estados y *regido por el derecho internacional*, ya conste en un instrumento único o en dos o más instrumentos conexos y cualquiera que sea su denominación particular" (énfasis propio).

Por su parte, el art. 80.1 de la CVDT establece: "Los tratados, después de su entrada en vigor, se transmitirán a la Secretaría de las Naciones Unidas para su registro o archivo e inscripción, según el caso, y para su publicación". No se comprende por qué el Secretario General debería tener alguna función respecto a un instrumento redactado por los Estados Unidos y que sólo es políticamente vinculante.

IV.4.2 *Contenido de los Acuerdos de Artemisa*

Dentro de los Acuerdos de Artemisa se pueden distinguir tres tipos de principios: los que reflejan principios consolidados del Tratado del Espacio; los que son de derecho progresivo; y otros que son una suerte de reinterpretación de principios del derecho espacial (Movilla Pateiro, 2021). Respecto a estos últimos, el de mayor relevancia a los efectos de este trabajo es el relativo a la interpretación del art. II del Tratado del Espacio que consagra el principio de no apropiación. Sobre ello, el Segundo párrafo de la Sección 10 reza del siguiente modo: "*The Signatories affirm that the extraction of space resources does not inherently constitute national appropriation under Article II of the Outer Space Treaty*". Una parte de la doctrina ha considerado que, sin la firma de potencias como la Federación de Rusia y China, dicha cláusula podría transformarse en el primer paso hacia la apropiación de recursos espaciales por parte de un grupo de Estados en el formato de condominio (Hickman, 2020).

Algunos autores han analizado esto como una estrategia de los Estados Unidos para crear una práctica subsiguiente que interpreta los términos del Tratado del Espacio, en línea con lo establecido por el art. 31.3 (b) de la CVDT. Al analizar dicha postura, Rossana Deplano (2021) llegó a la conclusión que la Sección 10 de los Acuerdos de Artemisa no constituiría una interpretación auténtica del art. II del Tratado del Espacio en los términos de la CVDT en virtud de que no se cumplen los requisitos necesarios: que las partes hayan tenido la intención de generar un acuerdo interpretativo de otro instrumento y que no sea un mero acuerdo práctico.

IV.4.3 *Signatarios de los Acuerdos de Artemisa*

Hasta noviembre de 2023, el número de Estados signatarios asciende a 32 Estados. Ellos son: Argentina, Alemania, Australia, Arabia Saudita, Bahréin, Brasil, Bulgaria, Canadá, Colombia, Ecuador, Emiratos Árabes Unidos,

España, Estados Unidos, Francia, India, Islandia, Israel, Italia, Japón, Luxemburgo, México, Nigeria, Nueva Zelanda, Países Bajos, Polonia, Reino Unido, República Checa, República de Corea, Rumania, Singapur, Ucrania y Ruanda.

Al respecto, se pueden hacer algunas apreciaciones: en primer lugar, se identifican Estados que han ratificado el Acuerdo de la Luna y también han firmado los Acuerdos de Artemisa (Australia, Arabia Saudita,[96] México y Rumania). En segundo lugar, hay Estados que son parte del Grupo de los 77 o considerados países en desarrollo que han firmado los Acuerdos de Artemisa (Argentina, Brasil, Colombia, Nigeria y Ruanda). En tercer lugar, hay Estados con un plan espacial desarrollado que no son parte en el Acuerdo de la Luna y tampoco han firmado los Acuerdos de Artemisa (China y Rusia). Hay Estados con un desarrollo espacial incipiente que han firmado los Acuerdos de Artemisa (por ejemplo, Arabia Saudita, Emiratos Árabes Unidos, Bahréin, Nueva Zelandia y Ucrania). Finalmente, hay un Estado signatario del Acuerdo de la Luna que también es signatario de los Acuerdos de Artemisa (Francia).

Al analizar los Estados ratificantes del Acuerdo de la Luna y los signatarios de los Acuerdos de Artemisa, pareciera que –al menos para los Estados concernidos– el Acuerdo de la Luna no es incompatible con los Acuerdos de Artemisa (a pesar de que la literatura está dividida sobre dicha conclusión); que los Acuerdos de Artemisa no son incompatibles con la posición de los países en desarrollo y, finalmente, que para ser parte en los Acuerdos de Artemisa no se requiere tener una amplia trayectoria espacial, a pesar de que el Proyecto de Artemisa tiene objetivos que pueden ser considerados más que ambiciosos.

IV.4.4 *Balance respecto a los Acuerdos de Artemisa*

Los Acuerdos de Artemisa se titulan "Principios para la Cooperación en la Exploración y el Uso de la Luna, Marte, los Cometas y los asteroides

[96] Arabia Saudita está en proceso de retirarse del Acuerdo de la Luna.

con Fines Pacíficos". Ni en el título ni en el preámbulo se hace referencia a la *extracción*; sin embargo, la Sección 10 –relativa a los recursos espaciales– hace explícitamente referencia a la extracción. Si la extracción es considerada un uso en los términos del Tratado del Espacio, no puede entenderse por qué se hace referencia al comercio en el preámbulo ("*Recognizing the global benefits of space exploration and commerce*"). La referencia al comercio es clave en este contexto: si analizamos los cinco tratados del espacio, vamos a verificar que no hay una sola referencia a él.

Las debilidades de dicha parte no terminan allí. El primer párrafo indica que la utilización de los recursos espaciales puede beneficiar a la humanidad al proveer apoyo crítico para operaciones seguras y sostenibles. Sin embargo, no especifica que dichas operaciones sean científicas y en el espacio ultraterrestre; con lo cual, la referencia en el preámbulo al comercio cobra sentido.

El segundo párrafo es incluso más controvertido porque establece una interpretación respecto a que la extracción de recursos espaciales no constituye intrínsecamente apropiación nacional en virtud del art. II del Tratado. Esta redacción es de tal vaguedad que no se entiende cuándo sí constituye apropiación; por lo cual, intenta clarificar un punto que lo torna más ambiguo aún y más peligroso porque cambia la carga de la prueba: por definición la extracción no es contraria al art. II sino que habrá que determinar cuándo lo es.

La otra parte que hace referencia a la extracción es la Sección 11. En ella se regula lo relativo a la creación de "zonas de seguridad" para evitar interferencias: un concepto ajeno a los tratados del espacio. Lo más parecido que podemos encontrar en el derecho internacional del espacio son las "zonas de especial interés científico" en el Acuerdo de la Luna, las cuales podrían declararse "zonas de interés internacional". Esas zonas de seguridad abren algunos interrogantes: ¿cómo se asegura la equidad?, ¿se aplica el criterio *first come first served*? Aquí sí es necesario hacer referencia a otro régimen del derecho internacional: el derecho de las telecomunicaciones. En dicho ámbito, la UIT tiene justamente el rol de asignar posiciones orbitales y coordinar el uso de las mismas de una manera en que se respete el art. 44.2 de la Constitución de dicha organización y de su reglamento[97] y así evitar interferencias perjudiciales (definidas en el art. 45 del mismo instrumento).

En el caso de la firma de la Argentina, los Acuerdos de Artemisa se suman como una herramienta de cooperación internacional con Estados Unidos y como una ventana a proyectos plurinacionales de exploración del espacio profundo.

IV.5 COPUOS como foro multilateral para las negociaciones

Desde los primeros antecedentes legislativos domésticos en materia de explotación de los recursos espaciales, COPUOS se convirtió en la sede intergubernamental de las críticas que efectuaron aquellas delegaciones que consideran inapropiado que el derecho nacional llene lagunas del derecho internacional o que regule cuestiones que deben ser abordadas por la comunidad internacional de forma multilateral en un ambiente universal e inclusivo. Del mismo modo, en dicho ámbito algunas delegaciones restaron importancia a las iniciativas de tipo académico, revalorizando el papel fundamental del Estado en la creación del derecho internacional.

Argumentaron que la adopción de un enfoque multilateral amplio en COPUOS era la única manera de garantizar que se tuvieran en cuenta las preocupaciones de todos los Estados y, por tanto, que se promoviera la paz y

[97] El art. 44.2 reza del siguiente modo: "En la utilización de bandas de frecuencias para los servicios de radiocomunicaciones, los Estados Miembros tendrán en cuenta que las frecuencias y las órbitas asociadas, incluida la órbita de los satélites geoestacionarios, son recursos naturales limitados que deben utilizarse de forma racional, eficaz y económica, de conformidad con lo establecido en el Reglamento de Radiocomunicaciones, para permitir el acceso equitativo a esas órbitas y a esas frecuencias a los diferentes países o grupos de países, teniendo en cuenta las necesidades especiales de los países en desarrollo y la situación geográfica de determinados países."

la seguridad internacional (Doc. ONU A/AC.105/1177).[98] También se planteó que había cuestiones que requerían una discusión apropiada: si la condición jurídica de un cuerpo celeste era la misma que la de sus recursos; si la explotación y utilización de los recursos espaciales por una entidad privada podía hacerse en beneficio de toda la humanidad; si el reclamo de propiedad por parte de una entidad privada implicaba la violación del principio de no apropiación dispuesto en el Tratado del Espacio; y cómo crear un mecanismo internacional para la coordinación y distribución de los recursos espaciales (Doc. ONU A/AC.105/1177).[99] Asimismo, se expresó que la comunidad internacional era quien tenía jurisdicción sobre los recursos espaciales así como el derecho y el deber de negociar un marco jurídico internacional adecuado para esas actividades (Doc. ONU A/AC.105/1177).[100]

IV.5.1 *Incorporación de la explotación de recursos en la agenda de COPUOS*

Todas las críticas que se empezaron a multiplicar no cayeron en saco roto y fueron creando un ambiente propicio para que a partir de una propuesta de Bélgica en 2016 se decidiera incluir por única vez un punto en la agenda de la Subcomisión de Asuntos Jurídicos de COPUOS intitulado "Intercambio general de opiniones sobre posibles modelos de normas jurídicas sobre las actividades de exploración, explotación y utilización de los recursos espaciales" (Doc. ONU A/AC.105/1113).

En 2017, dicho tema fue tratado por primera vez, oportunidad en la que la presente autora ejerció la Presidencia interina de la Subcomisión de Asuntos Jurídicos de COPUOS (Doc. ONU A/AC.105/1122). Desde ese año, el tema se mantuvo en la agenda de la Subcomisión, pero la Argentina sólo inter-

[98]Ver el párr. 240 de dicho documento.
[99]Ver el párr. 244 de dicho documento.
[100]Ver el párr. 250 de dicho documento.

vino en el debate en 2023: Docs. ONU A/AC.105/1122;[101] A/AC.105/1177;[102] A/AC.105/1203;[103] A/AC.105/1243;[104] A/AC.105/1260;[105] y A/AC.105/C.2/L.324/Add.5.[106]

En 2021, los siguientes países efectuaron intervenciones bajo este punto de agenda: Alemania, Australia, Bélgica, Brasil, Canadá, China, Estados Unidos, Federación de Rusia, Finlandia, Francia, Grecia, Indonesia, Irán, Israel, Japón, Luxemburgo, México, Nueva Zelandia, Países Bajos, Ucrania y Venezuela.

Ese mismo año, la delegación belga circuló un documento de trabajo (Doc. ONU A/AC.105/C.2/2017/CRP.19) en el que remarcó la necesidad de abordar todos los aspectos del problema, incluido el económico y el político. Dentro de los puntos que merecen ser destacados en dicho documento es que Bélgica sostuvo que hay dos criterios que describen a un bien en un contexto internacional: la no competencia y la no exclusión y, que en el caso de los recursos espaciales, hay un tercer criterio: el acceso relativo, es decir, que sólo tienen acceso aquellos que cuentan con la capacidad económica y tecnológica de llegar a ellos. Al respecto, concluyó que ello –sin un régimen que lo regule– llevará indefectiblemente a una situación de inequidad. Otro punto que es im-

[101] En 2017 pidieron la palabra los siguientes países: Australia, Austria, Bélgica, Brasil, Canadá, Chile, China, Costa Rica, Cuba, Francia, Alemania, la India, Indonesia, Italia, Japón, Luxemburgo, Marruecos, Países Bajos, Federación de Rusia y Estados Unidos.

[102] En 2018 pidieron la palabra los siguientes países: Alemania, Austria, Bélgica, Brasil, China, los Emiratos Árabes Unidos, Estados Unidos, Federación de Rusia, Francia, Grecia, Indonesia, Japón, Luxemburgo, México, Países Bajos y Pakistán.

[103] En 2019 pidieron la palabra los siguientes países: Alemania, Australia, Austria, Bélgica, Brasil, China, Colombia, Estados Unidos, Federación de Rusia, Francia, Grecia, Indonesia, Italia, Japón, Luxemburgo, México, Países Bajos y Reino Unido.

[104] En 2020, la sesión se canceló por la pandemia de COVID-19.

[105] En 2022, Alemania, Australia, Austria, Brasil, Canadá, China, Estados Unidos, Federación de Rusia, Finlandia, Francia, Grecia, Indonesia, Irán, Italia, Japón, Luxemburgo, Malasia, Nueva Zelandia, Países Bajos, Pakistán, Reino Unido y Venezuela.

[106] En 2023, los siguientes países efectuaron intervenciones bajo el punto de agenda: Argentina, Australia, Austria, Bélgica, Brasil, Canadá, China, Colombia, Francia, Alemania, Grecia, India, Indonesia, Irán, Italia, Luxemburgo, Malasia, Países Bajos, Nueva Zelanda, Noruega, Pakistán, Federación de Rusia, Reino Unido, Estados Unidos y Venezuela.

portante en la argumentación belga es que el acceso a los recursos que alguna vez fueron considerados inagotables debe regularse para evitar el conflicto. Al mismo tiempo, agrega que ello no implica necesariamente establecer derechos de propiedad, sino que puede ser un régimen de acceso equitativo, como sucede con la órbita geoestacionaria. Es interesante destacar la convicción belga de que no se puede separar la naturaleza jurídica de los cuerpos celestes de la de sus recursos naturales: si el principio de no apropiación rige a los cuerpos celestes, también debe regir a sus recursos naturales. Otro aspecto sólido de su posición es que la resolución de la Asamblea General que adopta el texto del Acuerdo de la Luna puede ser entendido en los términos del art. 31.3(a) o (b) de la CVDT.[107] Finalmente, amerita señalarse que si bien Bélgica sostiene que el Acuerdo de la Luna es un buen punto de partida, no se opone a trabajar en un instrumento diferente, para cuya negociación COPUOS es el órgano competente.

En 2018, la delegación belga circuló un nuevo documento de trabajo en el cual lamentó que las discusiones sobre la temática se desviaran del ámbito multilateral, creando interferencia y confusión con el trabajo de COPUOS (ello en clara referencia al trabajo del Grupo de Trabajo de La Haya). En ese mismo documento, propuso una definición de "actividades de explotación" en los siguientes términos:

> *[...] any activity in outer space, including on celestial bodies, meaning asteroids or on any other natural body present in outer space, with the*

[107]El art. 31 de la CVDT reza del siguiente modo:

Regla general de interpretación. 1. Un tratado deberá interpretarse de buena fe conforme al sentido corriente que haya de atribuirse a los términos del tratado en el contexto de estos y teniendo en cuenta su objeto y fin.

2. [...]

3. Juntamente con el contexto, habrá de tenerse en cuenta:

a) todo acuerdo ulterior entre las partes acerca de la interpretación del tratado o de la aplicación de sus disposiciones;

b) toda práctica ulteriormente seguida en la aplicación del tratado por la cual conste el acuerdo de las partes acerca de la interpretación del tratado:

c) [...]

> *purpose of extracting mineral resources from those bodies in order to transfer them, before or after transformation, to Earth, with the intent to use them for governmental or commercial business. This includes prospection activities.* (Doc. ONU A/AC.105/C.2/2018/CRP.8)[108]

En 2019, Bélgica tuvo nuevamente un rol protagónico y –junto con Grecia– presentó una propuesta para crear un grupo de trabajo (ver la sección IV.5.2, página 86 y siguientes).

En dicho documento, ambas delegaciones detallaron los principios internacionales vigentes (Doc. ONU A/AC.105/C.2/L.311):

- que la exploración y utilización del espacio ultraterrestre conciernen a toda la humanidad;
- que el espacio ultraterrestre es un espacio común regulado por el derecho internacional;
- que la gobernanza global de las actividades espaciales es por su carácter, internacional; y
- que los tratados del espacio imponen una cooperación internacional reforzada con respecto a la exploración y utilización del espacio ultraterrestre.

Con un documento adicional, ambas delegaciones propusieron que el grupo de trabajo sesionara desde 2020 hasta 2022 (Doc. ONU A/AC.105/C.2/2019/CRP.22).

IV.5.2 *El Grupo de Trabajo de COPUOS sobre la legalidad de las actividades relativas a recursos espaciales*

Ya en la propuesta de 2019, Bélgica y Grecia habían dejado en claro que el problema principal de este tema era la diversidad de interpretaciones que

[108] Ver el párr. 3 de dicho documento.

los Estados tenían respecto a la legalidad de las actividades de explotación. En 2020, la pandemia llevó a cancelar las sesiones de COPUOS, por lo que no hubo progresos hasta el año siguiente.

En 2021, como resultado de los renovados esfuerzos en la forma de consultas informales llevadas adelante por Polonia y Australia en su calidad de moderadores, se circuló un documento con la postura de una serie de Estados[109] respecto al trabajo futuro en la materia (Doc. ONU A/AC105/C.2/2021/CRP.8).

Ese mismo año se presentaron tres propuestas distintas para crear un Grupo de Trabajo dedicado a esta temática: una presentada por países europeos,[110] otra presentada por la Federación de Rusia (Doc. ONU A/AC.105/-C.2/2021/CRP.26) y la tercera fue presentada por China (Doc. ONU A/AC.-105/C.2/2021/CRP.18).

Las tres propuestas tenían similitudes. Sus principales diferencias son que la iniciativa europea preveía la identificación de principios y medidas prácticas que pudieran ser adoptadas en una resolución de la Asamblea General, la propuesta rusa preveía la identificación de lagunas jurídicas y estudiar la aplicación de las normas existentes, en tanto la china no preveía otro resultado más que un informe, a diferencia de las primeras dos propuestas que se proponían redactar principios que podrían devenir en la base para un instrumento vinculante u otro tipo de medidas.

En respuesta al interés generalizado por abordar la temática, en 2021 la Subcomisión de Asuntos Jurídicos acordó establecer un grupo de trabajo quinquenal y designó como Presidente al delegado polaco Andrzej Misztal y como Vice-Presidente nombró al delegado australiano Steven Freeland (Doc. ONU A/AC.105/1243). Si bien el Grupo de Trabajo fue establecido bajo el punto de agenda intitulado "Intercambio General de Opiniones sobre Po-

[109] Dichos Estados son: Australia, Austria, Bahréin, Bélgica, China, Etiopía, Finlandia, Alemania, Luxemburgo, Mauricio, México, Países Bajos, Arabia Saudita y Suiza.

[110] Alemania, Austria, Bélgica, Chequia, Eslovaquia, España, Finlandia, Grecia, Polonia, Portugal y Rumania.

sibles Modelos de Normas Jurídicas sobre las Actividades de Exploración, Explotación y Utilización de los Recursos Espaciales", la Subcomisión decidió que el nombre del Grupo de Trabajo fuera "Grupo de Trabajo sobre los Aspectos Jurídicos de las Actividades relacionadas con los Recursos Espaciales".

Durante la última sesión de la Subcomisión de Asuntos Jurídicos se planteó la necesidad de celebrar una conferencia internacional sobre la materia en 2024, organizada conjuntamente por Luxemburgo y Bélgica (Doc. ONU A/AC.105/C.2/2023/CRP.41). En respuesta a la invitación cursada por las autoridades del Grupo de Trabajo, una serie de países presentaron aportes reflejando su postura respecto a la materia. Salvo Australia y Bélgica, ninguno de los países que aportó una visión es Estado Parte en el Acuerdo de la Luna.[111] Bélgica reiteró la vigencia de las opiniones vertidas en 2008 junto con el resto de países que ratificaron el Acuerdo de la Luna. Asimismo, distinguió la estrategia de un grupo de Estados que adoptan legislación bajo un "modelo de club" para abordar una cuestión que –por oposición– debería ser regulada en un ámbito multilateral en el que los Estados Partes del Acuerdo de la Luna pudieran negociar un régimen internacional de explotación de recursos espaciales. No obstante, reconoció que los Acuerdos de Artemisa tienen elementos útiles. Dentro de las propuestas que efectuó, sugirió que se podría establecer un comité consultivo técnico con aquellos países que tienen la capacidad de explotar recursos. Otra sugerencia fue que los Estados presenten a la OOSA las notificaciones de las solicitudes sometidas por entidades nacionales para la autorización de actividades relacionadas con la exploración, utilización y/o explotación de los recursos naturales de los cuerpos celestes. (Doc. ONU A/AC.105/C.2/L.325).

[111] Los Estados que presentaron una posición en el Grupo de Trabajo son: Bélgica, Estados Unidos, Nueva Zelandia, Japón, Luxemburgo, Reino Unido, Rusia, Marruecos, Jordania, Grecia, Alemania, Francia, Canadá, Bielorrusia, Bahréin, Azerbaiyán y Australia.

Estados Unidos reiteró su postura respecto a que el art. I del Tratado del Espacio permite la explotación y que la prohibición de no apropiación se limita a los recursos *in situ*, pero no a los que hayan sido removidos. En cuanto a la conferencia que se planea, hizo un llamamiento a que participen y se dé voz a las entidades no gubernamentales que tengan planes de llevar adelante actividades relativas a los recursos espaciales. Para Estados Unidos, "recursos espaciales" son los recursos abióticos *in situ* en el espacio ultraterrestre (Doc. ONU A/AC.105/C.2/2023/CRP.37). Japón entiende el concepto de manera similar (Doc. ONU A/AC.105/C.2/2023/CRP.33).

Del otro lado del espectro, Rusia adopta una definición de recursos mucho más amplia que incluye a los cuerpos celestes mismos, además de los minerales y agua en cualquier estado, energía y órbitas. Para dicho país, los recursos espaciales son parte integrante de los cuerpos celestes y, por lo tanto, el principio de no apropiación también se aplica a ellos. Rusia considera que se debería evaluar la posibilidad de establecer un órgano internacional especial, tomando como modelo la UIT o la Autoridad Internacional de los Fondos Marinos. Un comentario que merece reflexión es el que efectúa respecto al supuesto efecto extraterritorial que le asignan algunos Estados a su propia legislación para crear derechos de propiedad a territorios más allá de su jurisdicción (Doc. ONU A/AC.105/C.2/2023/CRP.20).

Por su parte, Alemania sugirió que en caso de elaborar definiciones sobre actividades relativas a recursos espaciales, sería recomendable tomar las elaboradas por la Autoridad Internacional de los Fondos Marinos. Una de las manifestaciones de mayor importancia de Alemania es que como el espacio ultraterrestre es un espacio común global (*global commons*) las actividades relativas a recursos espaciales sólo pueden ser reguladas por el derecho internacional. Otro elemento importante que cabe subrayar de su exposición es que considera que el actual régimen en vigor permite la extracción de recursos para fines científicos y para sostener misiones espaciales, pero no cubre la explotación con fines comerciales, para lo que indefectiblemente sería necesario establecer un régimen internacional (Doc. ONU A/AC.105/C.2/2023/CRP.13).

En línea con esa distinción entre actividades relativas a recursos espaciales para fines científicos y para soporte de otras misiones espaciales, el Reino Unido sugiere asegurar un consenso respecto a ello antes de abordar la minería espacial. Considera que lo primero no está prohibido por el Tratado del Espacio (Doc. ONU A/AC.105/C.2/2023/CRP.21).

IV.6 Múltiples iniciativas, poco consenso

El análisis que efectuamos en este capítulo partió de la base nacional de algunos Estados a través de iniciativas legislativas, para pasar luego a iniciativas internacionales: algunas de carácter académico y de una gran calidad técnica; otra de carácter híbrido, como los Acuerdos de Artemisa redactados por los Estados Unidos y ofrecidos al mundo para adherir. Finalmente, nos centramos en la única propuesta multilateral que podría resolver todas las deficiencias que las otras propuestas tienen: COPUOS ofrece un mecanismo intergubernamental, inclusivo, universal, con decisiones consensuadas y con mandato específico para resolver los problemas jurídicos que emanan del desarrollo científico-tecnológico en el uso y exploración del espacio ultraterrestre.

Lo primero que se puede concluir es que el gran abanico de iniciativas en la materia da cuenta de la real importancia del tema y del actual interés que los actores espaciales y gubernamentales tienen en regular las actividades de explotación y en dar más claridad respecto al marco normativo existente. Sin embargo, la gran variedad de propuestas también revela que hay posturas antagónicas y que la única forma de lograr un marco regulatorio que goce de autoridad y que sea universalmente aplicable requiere canalizar las negociaciones a través de las Naciones Unidas, a pesar de que ello implique un proceso más extenso.

Las iniciativas domésticas que intentan reescribir el derecho internacional del espacio, reinterpretarlo, llenar lagunas o vacíos jurídicos, y acaparar como domésticos aspectos cuya regulación concierne a la comunidad internacional no pueden sino crear más confusión en el sector industrial espacial y desorden en la gobernanza global del espacio. El trabajo académico es de gran valor para instalar el tema y brindar aportes sustantivos a las discusiones intergubernamentales. Es decir, es una herramienta útil pero no un fin en sí mismo. Ofrecerle al resto de los países una suerte de "contrato de adhesión" –como los Acuerdos de Artemisa– para que puedan ser parte en proyectos futuros de exploración de la Luna es increíblemente novedoso y desafía el principio de igualdad soberana tan preciado por la comunidad internacional moderna.

Los países comprometidos con el derecho internacional y con el multilateralismo deben apostar a construir consensos donde los intereses de todos sean tenidos en cuenta y armonizados. Es un trabajo que fue posible incluso durante la Guerra Fría (en parte, gracias a la diplomacia científica). En consecuencia, no debemos aceptar por válidos aquellos argumentos que pretenden soslayar todo intento para complementar el marco jurídico espacial existente y así impedir el desarrollo progresivo del derecho espacial.

En el capítulo siguiente comenzaremos el marco propositivo de este trabajo. Para ello fue necesario hacer un diagnóstico de la Argentina de hoy para pensar la Argentina espacial del futuro.

V

La Argentina de cara al futuro

De acuerdo al análisis que hemos efectuado en los capítulos precedentes, podemos identificar dos aspectos que ameritan una especial consideración. Ambos puntos serán un aporte esencial para elaborar una estrategia nacional que sirva para la sustanciación de una posición actualizada.

V.1 El alcance del principio de no apropiación del espacio y los cuerpos celestes

El principio de no apropiación del espacio y sus cuerpos celestes es central y de fundamental importancia para la preservación de la paz y la estabilidad internacional. Se previó como una herramienta para evitar reproducir en el espacio ultraterrestre un escenario de conquista territorial como el que se dio en la Tierra (Freeland y Jakhu, 2009). Dicho principio está receptado en el art. II del Tratado del Espacio, cuyo texto se transcribe a continuación: "El espacio ultraterrestre, incluso la Luna y otros cuerpos celestes, no podrá ser objeto de apropiación nacional por reivindicación de soberanía, uso u ocupación, ni de ninguna otra manera".

Dado que el Tratado del Espacio es el instrumento que más ratificaciones de los cinco tratados del espacio tiene (112 Estados Partes hasta la fecha),[112] sus principios son considerados –en algunos casos– derecho consuetudinario y, en otros, *ius cogens*. Justamente, el art. II del Tratado del Espacio es una de las normas que, de acuerdo a una parte de la doctrina a la cual adherimos, reúne elementos que lo hacen pasible de adquirir carácter perentorio (Jamschon Mac Garry y Freeland, 2022; Jakhu, 2006).

Por su parte, el Acuerdo de la Luna tiene su propia cláusula que no sólo reproduce el principio del art. II del Tratado del Espacio, sino que además lo enriquece y complementa. En efecto, tal como lo advierte el séptimo párrafo del preámbulo, el Acuerdo de la Luna fue negociado con la finalidad de "aplicar concretamente" y "desarrollar en lo concerniente a la Luna y otros cuerpos celestes" lo establecido en los otros tratados del espacio.

De acuerdo al derecho consuetudinario en materia de interpretación de los tratados y a la CVDT, el Acuerdo de la Luna puede ser considerado "un acuerdo ulterior entre las partes acerca de la interpretación del tratado o de la aplicación de sus disposiciones" en los términos del art. 31.3 (a). Corresponde, sin embargo, aclarar que algunos Estados y parte de la doctrina argumenta a favor de la interpretación del principio de no apropiación a la luz de la legislación nacional particular de algunos Estados, la cual recepta cómo estos lo entienden (ver la sección IV.2, página 64 y siguientes). Es decir, asimilando dicha legislación a "una práctica ulteriormente seguida en la aplicación del tratado por la cual conste el acuerdo de las partes acerca de la interpretación del tratado", en los términos del art. 31.3 (b) de la CVDT.

Sobre este último punto, nos inclinamos por apoyar la primera postura interpretativa (es decir, la que sigue la línea del art. 31.3 (a)) por tres razones: en primer lugar, cabría preguntarse si una mera práctica estatal de un puñado de

[112]Status of International Agreements relating to activities in outer space as at 1 January 2022. En: https://www.unoosa.org/res/oosadoc/data/documents/2022/aac_105c_22022crp/aac_105c_22022crp_10_0_html/AAC105_C2_2022_CRP10E.pdf.

Estados podría modificar el alcance de un acuerdo multilateral con vocación universal y ratificado por 112 Estados. En segundo lugar, suponiendo que el número de Estados que redacta legislación doméstica creciera acompañado de la necesaria *opinio iuris* a un punto tal que se configurara una costumbre internacional, y asumiendo que el principio de no apropiación es aceptado como *ius cogens*, cabría preguntarse si dicha costumbre también adquiriría el carácter perentorio para poder desplazar el principio de no apropiación en los términos del art. 53 de la CVDT.[113] En tercer lugar, cabría preguntarse si una práctica en esa línea no sería contraria al objeto y fin del Tratado del Espacio, con lo cual dicho método interpretativo colisionaría con la norma interpretativa general del art. 31 de la CVDT que dispone: "Un tratado deberá interpretarse de buena fe conforme al sentido corriente que haya de atribuirse a los términos del tratado en el contexto de estos y teniendo en cuenta su objeto y fin". En definitiva, la respuesta a todas estas preguntas contribuye a una visión escéptica respecto a la posibilidad de vaciar de contenido el principio de no apropiación del art. II del Tratado del Espacio mediante el método interpretativo del art. 31.3 (b) como pretenden algunos Estados.

Ahora bien, veamos qué disponen los tres primeros párrafos del art. 11 del Acuerdo de la Luna:

> 1. La Luna y sus recursos naturales son patrimonio común de la humanidad conforme a lo enunciado en las disposiciones del presente Acuerdo, en particular en el párrafo 5 del presente artículo.
>
> 2. La Luna no puede ser objeto de apropiación nacional mediante reclamaciones de soberanía, por medio del uso o la ocupación, ni por ningún otro medio.

[113] Dicha norma reza: "Una norma imperativa de derecho internacional general es una norma aceptada y reconocida por la comunidad internacional de Estados en su conjunto como norma que no admite acuerdo en contrario y que sólo puede ser modificada por una norma ulterior de derecho internacional general que tenga el mismo carácter".

3. Ni la superficie ni la subsuperficie de la Luna, ni ninguna de sus partes o recursos naturales, podrán ser propiedad de ningún Estado, organización internacional intergubernamental o no gubernamental, organización nacional o entidad no gubernamental ni de ninguna persona física. El emplazamiento de personal, vehículos espaciales, equipo, material, estaciones e instalaciones sobre o bajo la superficie de la Luna, incluidas las estructuras unidas a su superficie o subsuperficie, no creará derechos de propiedad sobre la superficie o la sub- superficie de la Luna o parte alguna de ellas. Las disposiciones precedentes no afectan al régimen internacional a que se hace referencia en el párrafo 5 del presente artículo.

Como se puede apreciar, el primer párrafo establece el principio del patrimonio común de la humanidad de la Luna y sus recursos naturales. Por su parte, el segundo párrafo reproduce casi textualmente el art. II del Tratado del Espacio. Por último, el tercer párrafo amerita una aclaración diferenciada para cada una de las dos primeras oraciones: la primera efectúa dos precisiones importantes respecto al art. II del Tratado del Espacio:

1) Que el principio de no apropiación no sólo se aplica a los cuerpos celestes *in toto* sino que está prohibido apropiarse de partes de ellos y de sus recursos naturales. Esto es de sustancial importancia dado que una parte de la doctrina hace una distinción jurídica entre los cuerpos celestes y sus recursos naturales: mientras los primeros no son apropiables, los segundos sí serían apropiables.

2) Que la "apropiación nacional" del art. II del Tratado del Espacio no deberá entenderse como "propiedad estatal", interpretación que en algunos casos ha dado lugar a justificar –falazmente– la apropiación privada. Por ello, el Acuerdo de la Luna deja en claro que la apropiación está prohibida tanto para los Estados, las organizaciones internacionales intergubernamental o no gubernamentales, organización

nacional o entidad no gubernamental como para las personas físicas, excluyendo así toda posibilidad de la apropiación incluso por parte de una entidad privada como una compañía minera. Sin embargo, el régimen que se establezca para regular la explotación podrá determinar un mecanismo para adquirir tales derechos.

La segunda oración del tercer párrafo del art. 11 del Acuerdo de la Luna es de suma importancia toda vez que actúa por un lado con carácter *retrospectivo*, al dejar en claro, por ejemplo, que todo el patrimonio dejado sobre la Luna por un Estado Parte (como es el caso de los artefactos, banderas plantadas, entre otros) no genera derecho de propiedad alguno sobre el cuerpo celeste. Y también actúa con carácter *prospectivo*, es decir, de cara a los emprendimientos futuros, como por ejemplo el establecimiento de la estación lunar Gateway del Proyecto Artemisa o de la estación ruso-china ILRS. Al respecto, es menester entender que el establecimiento de una estación lunar en dicho cuerpo celeste implicará la exclusión de otros usuarios. Dicha exclusión no puede dar derecho a reivindicaciones de propiedad bajo el derecho espacial.

V.2 La explotación de recursos minerales en otros dominios comunes globales

En esta sección haremos referencia a dos sistemas que en la actualidad existen para regir la explotación de recursos minerales en otros dominios que –al igual que el espacio ultraterrestre– son globales. Uno de ellos es el régimen previsto en el derecho del mar y, en particular, aquel que rige los recursos situados en los fondos marinos o en su subsuelo (es decir, en la Zona). El otro corresponde al Sistema del Antártico. Este trabajo no tiene por finalidad hacer un análisis profundo del derecho que rige ambos dominios, sino que se propone presentar las similitudes y diferencias a efectos de una mejor visualización para el estudio que se propone como parte de la propuesta de este capítulo.

Como hemos visto en varias partes de este trabajo y en particular en la sección II.3 (ver la página 13 y siguientes), el derecho del mar ha influenciado en gran medida el derecho espacial. Dentro de dicha rama del derecho, la que regula la Zona es la que mayores similitudes tiene con el Acuerdo de la Luna (ver el cuadro V.1, página 98 y siguientes).

El sistema Antártico incluye el Tratado Antártico y –en lo que respecta al objeto de este trabajo– el Protocolo al Tratado Antártico sobre Protección del Medio Ambiente (Protocolo de Madrid). En el primer capítulo ya hemos tenido oportunidad de dar una breve introducción a este régimen.

En esta sección, visualizaremos las similitudes y diferencias entre el Tratado Antártico y el Acuerdo de la Luna (ver el cuadro V.2, página 106 y siguientes).

V.2.1 *Régimen previsto en el derecho del mar*

Cuadro V.1 – Comparación entre la regulación de la Zona (derecho del mar) y la Luna (derecho espacial).

ZONA	LUNA
Patrimonio común de la humanidad	
Art. 136 de la Convemar "La Zona y sus recursos son patrimonio común de la humanidad".	**Art. 11 del Acuerdo de la Luna** "1. La Luna y sus recursos naturales son patrimonio común de la humanidad".

Comparación entre la regulación de la Zona y la Luna (cont.)

ZONA	LUNA
Representante de la humanidad	
Art. 153 de la Convemar "Las actividades en la Zona serán organizadas, realizadas y controladas por la Autoridad en nombre de toda la humanidad (…) 2. Las actividades en la Zona serán realizadas (…) a) Por la Empresa; y b) En asociación con la Autoridad, por Estados Partes o empresas estatales o por personas naturales o jurídicas (…)".	**A determinar**
Definición de recursos	
Art. 133 de la Convemar "a) Por "recursos" se entiende todos los recursos minerales sólidos, líquidos o gaseosos in situ en la Zona, situados en los fondos marinos o en su subsuelo, incluidos los nódulos polimetálicos; b) Los recursos, una vez extraídos de la Zona, se denominarán "minerales".	**A determinar**

Comparación entre la regulación de la Zona y la Luna (cont.)

ZONA	LUNA
Soberanía y derechos de propiedad	
Art. 137 de la Convemar "1. Ningún Estado podrá reivindicar o ejercer soberanía o derechos soberanos sobre parte alguna de la Zona o sus recursos, y ningún Estado o persona natural o jurídica podrá apropiarse de parte alguna de la Zona o sus recursos. No se reconocerán tal reivindicación o ejercicio de soberanía o de derechos soberanos ni tal apropiación. 2. Todos los derechos sobre los recursos de la Zona pertenecen a toda la humanidad, en cuyo nombre actuará la Autoridad. Estos recursos son inalienables. No obstante, los minerales extraídos de la Zona sólo podrán enajenarse con arreglo a esta Parte y a las normas, reglamentos y procedimientos de la Autoridad. 3. Ningún Estado o persona natural o jurídica reivindicará, adquirirá o ejercerá derechos respecto de los minerales extraídos de la Zona, salvo de conformidad con esta Parte. De otro modo, no se reconocerá tal reivindicación, adquisición o ejercicio de derechos".	**Art. 11 del Acuerdo de la Luna** "2. La Luna no puede ser objeto de apropiación nacional mediante reclamaciones de soberanía, por medio del uso o la ocupación, ni por ningún otro medio. 3. Ni la superficie ni la subsuperficie de la Luna, ni ninguna de sus partes o recursos naturales podrán ser propiedad de ningún Estado, organización internacional intergubernamental o no gubernamental, organización nacional o entidad no gubernamental ni de ninguna persona física. El emplazamiento de personal, vehículos espaciales, equipo, material, estaciones e instalaciones sobre o bajo la superficie de la Luna, incluidas las estructuras unidas a su superficie o la subsuperficie, no creará derechos de propiedad sobre la superficie o la subsuperficie de la Luna o parte alguna de ellas".

Comparación entre la regulación de la Zona y la Luna (cont.)

ZONA	LUNA
Régimen Explotación de recursos minerales	
Art. 153 de la Convemar + Anexos III y IV + Acuerdo de 1994 + Proyecto de Reglamento sobre Explotación (en negociación)	**Art. 11 del Acuerdo de la Luna** "5. Los Estados Partes en el presente Acuerdo se comprometen a establecer un régimen internacional, incluidos los procedimientos apropiados, que rija la explotación de los recursos naturales de la Luna, cuando esa explotación esté a punto de llegar a ser viable".
Beneficio para la humanidad	
Art. 140 de la Convemar "Las actividades en la Zona se realizarán, según se dispone expresamente en esta Parte, en beneficio de toda la humanidad (...) prestando consideración especial a los intereses y necesidades de los Estados en desarrollo".	**Art. 4 del Acuerdo de la Luna** "La exploración y utilización de la Luna incumbirán a toda la humanidad y se efectuarán en provecho y en interés de todos los países, sea cual fuere su grado de desarrollo económico y científico".
Usos *exclusivamente* pacíficos	
Art. 141 de la Convemar "La Zona estará abierta a la utilización exclusivamente con fines pacíficos por todos los Estados (...)	**Art. 3 del Acuerdo de la Luna** "1. Todos los Estados Partes utilizarán la Luna exclusivamente con fines pacíficos".

Comparación entre la regulación de la Zona y la Luna (cont.)

ZONA	LUNA
Investigación científica	
Art. 143 de la Convemar "La investigación científica marina en la Zona se realizará exclusivamente con fines pacíficos y en beneficio de toda la humanidad (...)".	**Art. 6 del Acuerdo de la Luna** "1. La investigación científica en la Luna será libre para todos los Estados Partes, sin discriminación de ninguna clase, sobre la base de la igualdad y de conformidad con el derecho internacional".
Protección del medio	
Art. 145 de la Convemar "Se adoptarán con respecto a las actividades en la Zona las medidas necesarias de conformidad con esta Convención para asegurar la eficaz protección del medio marino contra los efectos nocivos que puedan resultar de esas actividades. Con ese objeto, la Autoridad establecerá las normas, reglamentos y procedimientos apropiados".	**Art. 7 del Acuerdo de la Luna** "Al explorar y utilizar la Luna, los Estados Partes tomarán medidas para que no se perturbe el actual equilibrio de su medio, ya por la introducción de modificaciones nocivas en ese medio, ya por su contaminación perjudicial con sustancias ajenas al medio, ya de cualquier otro modo (...)".
Generaciones futuras	
No hay referencia	**Art. 4 del Acuerdo de la Luna** "1. (...) Se tendrán debidamente en cuenta los intereses de las generaciones actuales y venideras (...)".

Comparación entre la regulación de la Zona y la Luna (cont.)

ZONA	LUNA
Transferencia de tecnología	
Art. 144 de la Convemar (+ Art. 5 del Anexo III) "1. La Autoridad adoptará medidas de conformidad con esta Convención para: a) Adquirir tecnología y conocimientos científicos relacionados con las actividades en la Zona; y b) Promover e impulsar la transmisión de tales tecnología y conocimientos científicos a los Estados en desarrollo de manera que todos los Estados Partes se beneficien de ellos".	**No hay referencia**
Protección de la vida humana	
Art. 146 de la Convemar "Con respecto a las actividades en la Zona, se adoptarán las medidas necesarias para asegurar la eficaz protección de la vida humana (...)".	**Art. 10 del Acuerdo de la Luna** "1. Los Estados Partes adoptarán todas las medidas practicables para proteger la vida y la salud de las personas que se encuentren en la Luna (...)".
Países en desarrollo	
Art. 148 de la Convemar "Se promoverá la participación efectiva de los Estados en desarrollo en las actividades en la Zona, según se dispone expresamente en esta Parte, teniendo debidamente en cuenta sus intereses y necesidades especiales".	**Art. 11 del Acuerdo de la Luna** "7. Entre las principales finalidades del régimen internacional que se ha de establecer figurarán: (...)". "d) Una participación equitativa de todos los Estados Partes en los beneficios obtenidos de esos recursos, teniéndose especialmente en cuenta los intereses y necesidades de los países en desarrollo, así como los esfuerzos de los países que hayan contribuido directa o indirectamente a la explotación de la Luna".

Comparación entre la regulación de la Zona y la Luna (cont.)

ZONA	LUNA
Objetos arqueológicos	
Art. 149 de la Convemar "Todos los objetos de carácter arqueológico e histórico hallados en la Zona serán conservados o se dispondrá de ellos en beneficio de toda la humanidad, teniendo particularmente en cuenta los derechos preferentes del Estado o país de origen, del Estado de origen cultural o del Estado de origen histórico y arqueológico".	**No hay referencia** (Cfr. Acuerdos de Artemisa)
Examen periódico	
Art. 154 de la Convemar "Cada cinco años a partir de la entrada en vigor de esta Convención, la Asamblea procederá a un examen general y sistemático de la forma en que el régimen internacional de la Zona establecido en esta Convención haya funcionado en la práctica (…)".	**Art. 18 del Acuerdo de la Luna** "Cuando hayan transcurrido diez años desde la entrada en vigor del presente Acuerdo, se incluirá la cuestión de su reexamen en el programa provisional de la Asamblea General de las Naciones Unidas a fin de considerar, à la luz de cómo se haya aplicado hasta entonces, si es preciso proceder a su revisión (...)".

Comparación entre la regulación de la Zona y la Luna (cont.)

Conferencia de Revisión	
Art. 155 de la Convemar "1. Quince años después del 1° de enero del año en que comience la primera producción comercial con arreglo a un plan de trabajo aprobado, la Asamblea convocará a una conferencia de revisión de las disposiciones de esta Parte y de los anexos pertinentes que regulan el sistema de exploración y explotación de los recursos de la zona".(*) **(*) Inaplicable en virtud del Acuerdo de 1994**	**Art. 18 del Acuerdo de la Luna** (...) "Sin embargo, en cualquier momento, una vez que el presente Acuerdo lleve cinco años en vigor, el Secretario General de las Naciones Unidas, en su calidad de depositario, convocará, a petición de un tercio de los Estados Partes en el Acuerdo y con el asentimiento de la mayoría de ellos, una conferencia de los Estados Partes para reexaminar el Acuerdo. La conferencia encargada de reexaminarlo estudiará asimismo la cuestión de la aplicación de las disposiciones del párrafo 5 del artículo 11, sobre la base del principio a que se hace referencia en el párrafo 1 de ese artículo y teniendo en cuenta en particular los adelantos tecnológicos que sean pertinentes."
Solución de Controversias	
Art. 186 de la Convemar "La Sala de Controversias de los Fondos Marinos se constituirá y ejercerá su competencia".	**Art. 15 del Acuerdo de la Luna** "2. Todo Estado Parte que tenga motivos para creer que otro Estado Parte no cumple las disposiciones que le corresponden con arreglo al presente Acuerdo o que otro Estado Parte vulnera los derechos del primer Estado con arreglo al presente Acuerdo podrá solicitar la celebración de consultas con ese Estado Parte. El Estado Parte que reciba dicha solicitud procederá sin demora a celebrar esas consultas (...) 3. Cuando las consultas no permitan llegar a una solución que sea mutuamente aceptable y respete los derechos e intereses de todos los Estados Partes, las partes interesadas tomarán todas las medidas necesarias para resolver la controversia por otros medios pacíficos de su elección adecuados a las circunstancias y a la naturaleza de la controversia (...)".

V.2.2 *Régimen del Sistema Antártico*

Cuadro V.2 – Comparación entre el Sistema Antártico y el Acuerdo de la Luna.

ANTARTIDA	LUNA
Beneficio para la humanidad	
Preámbulo del Tratado Antártico y Preámbulo de la Convención para la Reglamentación de las Actividades sobre Recursos Minerales Antárticos (no en vigor) "Reconociendo que es en interés de toda la humanidad que la Antártida continúe utilizándose siempre exclusivamente para fines pacíficos y que no llegue a ser escenario u objeto de discordia internacional; (...)" **Preámbulo del Protocolo de Madrid** "Convencidos de que el desarrollo de un sistema global de protección del medio ambiente de la Antártida y de los ecosistemas dependientes y asociados interesa a la humanidad en su conjunto; (...)".	**Art. 4 del Acuerdo de la Luna** "La exploración y utilización de la Luna incumbirán a toda la humanidad y se efectuarán en provecho y en interés de todos los países, sea cual fuere su grado de desarrollo económico y científico".
Usos *exclusivamente* pacíficos	
Art. 1 del Tratado Antártico "1. La Antártida se utilizará exclusivamente para fines pacíficos. Se prohíbe, entre otras, toda medida de carácter militar, tal como el establecimiento de bases y fortificaciones militares, la realización de maniobras militares, así como los ensayos de toda clase de armas. 2. El presente Tratado no impedirá el empleo de personal o equipo militares para investigaciones científicas o para cualquier otro fin pacífico".	**Art. 3 del Acuerdo de la Luna** "1. Todos los Estados Partes utilizarán la Luna exclusivamente con fines pacíficos. 4. Queda prohibido establecer bases, instalaciones y fortificaciones militares, efectuar ensayos de cualquier tipo de armas y realizar maniobras militares en la Luna. No se prohíbe la utilización de personal militar para investigaciones científicas ni para cualquier otro fin pacífico. Tampoco se prohíbe la utilización de cualesquier equipo o material necesarios para la exploración y utilización de la Luna con fines pacíficos".

Comparación entre el Sistema Antártico y el Acuerdo de la Luna (cont.)

ANTARTIDA	LUNA
Soberanía y derechos de propiedad	
Art. IV del Tratado del Antártico "1. Ninguna disposición del presente Tratado se interpretará: (a) como una renuncia, por cualquiera de las Partes Contratantes, a sus derechos de soberanía territorial o a las reclamaciones territoriales en la Antártida, que hubiere hecho valer precedentemente; (b) como una renuncia o menoscabo, por cualquiera de las Partes Contratantes, a cualquier fundamento de reclamación de soberanía territorial en la Antártida que pudiera tener, ya sea como resultado de sus actividades o de las de sus nacionales en la Antártida, o por cualquier otro motivo; (c) como perjudicial a la posición de cualquiera de las Partes Contratantes, en lo concerniente a su reconocimiento o no reconocimiento del derecho de soberanía territorial, de una reclamación o de un fundamento de reclamación de soberanía territorial de cualquier otro Estado en la Antártida. 2. Ningún acto o actividad que se lleve a cabo mientras el presente Tratado se halle en vigencia constituirá fundamento para hacer valer, apoyar o negar una reclamación de soberanía territorial en la Antártida, ni para crear derechos de soberanía en esta región. No se harán nuevas reclamaciones de soberanía territorial en la Antártida, ni se ampliarán las reclamaciones anteriormente hechas valer, mientras el presente Tratado se halle en vigencia".	**Art. 11 del Acuerdo de la Luna** "2. La Luna no puede ser objeto de apropiación nacional mediante reclamaciones de soberanía, por medio del uso o la ocupación, ni por ningún otro medio. 3. Ni la superficie ni la subsuperficie de la Luna, ni ninguna de sus partes o recursos naturales podrán ser propiedad de ningún Estado, organización internacional intergubernamental o no gubernamental, organización nacional o entidad no gubernamental ni de ninguna persona física. El emplazamiento de personal, vehículos espaciales, equipo, material, estaciones e instalaciones sobre o bajo la superficie de la Luna, incluidas las estructuras unidas a su superficie o la subsuperficie, no creará derechos de propiedad sobre la superficie o la subsuperficie de la Luna o parte alguna de ellas".

Comparación entre el Sistema Antártico y el Acuerdo de la Luna (cont.)

ANTARTIDA	LUNA
Régimen Explotación de recursos minerales	
Art. 7 del Protocolo de Madrid "Cualquier actividad relacionada con los recursos minerales, salvo la investigación científica, estará prohibida." *Nota*: el régimen establecido por la Convención para la Reglamentación de las Actividades sobre Recursos Minerales Antárticos (no en vigor) quedó superado por el art. 7 del Protocolo.	**Art. 11 del Acuerdo de la Luna** "5. Los Estados Partes en el presente Acuerdo se comprometen a establecer un régimen internacional, incluidos los procedimientos apropiados, que rija la explotación de los recursos naturales de la Luna, cuando esa explotación esté a punto de llegar a ser viable".
Investigación científica	
Art. 2 del Tratado Antártico "La libertad de investigación científica en la Antártida y la cooperación hacia ese fin, como fueran aplicadas durante el Año Geofísico Internacional, continuarán, sujetas a las disposiciones del presente Tratado".	**Art. 6 del Acuerdo de la Luna** "1. La investigación científica en la Luna será libre para todos los Estados Partes, sin discriminación de ninguna clase, sobre la base de la igualdad y de conformidad con el derecho internacional".

Comparación entre el Sistema Antártico y el Acuerdo de la Luna (cont.)

ANTARTIDA	LUNA
Solución de Controversias	
Art. 18 del Protocolo de Madrid "En caso de controversia relativa a la interpretación o aplicación de este Protocolo, las partes en controversia deberán, a requerimiento de cualquiera de ellas, consultarse entre sí con la mayor brevedad posible con el fin de resolver la controversia mediante negociación, investigación, mediación, conciliación, arbitraje, arreglo judicial u otros medios pacíficos que las partes en la controversia acuerden".	**Art. 15 del Acuerdo de la Luna** "2. Todo Estado Parte que tenga motivos para creer que otro Estado Parte no cumple las disposiciones que le corresponden con arreglo al presente Acuerdo o que otro Estado Parte vulnera los derechos del primer Estado con arreglo al presente Acuerdo podrá solicitar la celebración de consultas con ese Estado Parte. El Estado Parte que reciba dicha solicitud procederá sin demora a celebrar esas consultas (...) 3. Cuando las consultas no permitan llegar a una solución que sea mutuamente aceptable y respete los derechos e intereses de todos los Estados Partes, las partes interesadas tomarán todas las medidas necesarias para resolver la controversia por otros medios pacíficos de su elección adecuados a las circunstancias y a la naturaleza de la controversia (...)".
Protección del Medio	
Art. 2 del Protocolo de Madrid "Las Partes se comprometen a la protección global del medio ambiente antártico y los ecosistemas dependientes y asociados y, mediante el presente Protocolo, designan a la Antártida como reserva natural, consagrada a la paz y a la ciencia".	**Art. 7 del Acuerdo de la Luna** "Al explorar y utilizar la Luna, los Estados Partes tomarán medidas para que no se perturbe el actual equilibrio de su medio, ya por la introducción de modificaciones nocivas en ese medio, ya por su contaminación perjudicial con sustancias ajenas al medio, ya de cualquier otro modo (…)".

Comparación entre el Sistema Antártico y el Acuerdo de la Luna (cont.)

ANTARTIDA	LUNA
Conferencia de Revisión	
Art. 25 del Protocolo de Madrid "2. Si después de transcurridos cincuenta años después de la fecha de entrada en vigor de este Protocolo, cualquiera de las Partes Consultivas del Tratado Antártico así lo solicitara por medio de una comunicación dirigida al Depositario, se celebrará una conferencia con la mayor brevedad posible a fin de revisar la aplicación de este Protocolo. 3. Toda modificación o enmienda propuesta en cualquier Conferencia de Revisión solicitada en virtud del anterior párrafo 2 se adoptará por mayoría de las Partes, incluyendo las tres cuartas partes de los Estados que eran Partes Consultivas del Tratado Antártico en el momento de la adopción de este Protocolo".	**Art. 18 del Acuerdo de la Luna** (...) "Sin embargo, en cualquier momento, una vez que el presente Acuerdo lleve cinco años en vigor, el Secretario General de las Naciones Unidas, en su calidad de depositario, convocará, a petición de un tercio de los Estados Partes en el Acuerdo y con el asentimiento de la mayoría de ellos, una conferencia de los Estados Partes para reexaminar el Acuerdo. La conferencia encargada de reexaminarlo estudiará asimismo la cuestión de la aplicación de las disposiciones del párrafo 5 del artículo 11, sobre la base del principio a que se hace referencia en el párrafo 1 de ese artículo y teniendo en cuenta en particular los adelantos tecnológicos que sean pertinentes".
Generaciones futuras	
No hay referencia	**Art. 4 del Acuerdo de la Luna** "1. (...) Se tendrán debidamente en cuenta los intereses de las generaciones actuales y venideras (...)".
Definición de recursos	
Art. 1 de la Convención para la Reglamentación de las Actividades sobre Recursos Minerales Antárticos (no en vigor) "6. "Recursos minerales" significa todos los recursos naturales no renovables y no vivos incluyendo, los combustibles fósiles, los minerales metalíferos y no metalíferos".	**A determinar**

Comparación entre el Sistema Antártico y el Acuerdo de la Luna (cont.)

ANTARTIDA	LUNA
Protección de la vida humana	
No hay referencia	**Art. 10 del Acuerdo de la Luna** "1. Los Estados Partes adoptarán todas las medidas practicables para proteger la vida y la salud de las personas que se encuentren en la Luna (...)".

De la comparación entre ambos cuadros podemos sacar las siguientes conclusiones:

1) Los tres regímenes prevén:
   - El beneficio para la humanidad.
   - Su uso exclusivamente pacífico.
   - Regulación sobre derechos de propiedad y soberanía.
   - La posibilidad o no de explotación de sus recursos.
   - La investigación científica.
   - La protección del medio ambiente.
   - Un mecanismo de solución de controversias.
2) Tanto el régimen de la Zona como el régimen de la Antártida, a diferencia del de la Luna, prevén:
   - Una definición de "recursos".
3) Tanto el régimen de la Zona como el de la Luna, a diferencia del de la Antártida, prevén:
   - El carácter de patrimonio común de la humanidad.
   - Protección de la vida humana.
   - Rol de los países en desarrollo.
   - Protección de los objetos arqueológicos.

4) Únicamente el régimen de la Luna prevé:
   - La importancia de las generaciones futuras.
5) El régimen de la Luna, a diferencia del régimen de la Zona y/o del régimen de la Antártida, no prevé:
   - Una definición de recursos (Zona y Antártida).
   - Normas sobre transferencia de tecnología (Zona).
   - Una institución representante de la humanidad (Zona).

En virtud de estas conclusiones, se puede sugerir que el Grupo de Trabajo de COPUOS centre sus labores de manera prioritaria en los aspectos del punto 5), respecto de los cuales existen antecedentes en el derecho internacional.

V.3 Estrategia nacional para la sustanciación de una posición actualizada

La Argentina tiene frente a sí tres instancias inmediatas en las cuales puede involucrarse en el debate multilateral sobre los recursos de la Luna (sección IV.5.2, página 86 y siguientes):

1. participar en la conferencia internacional en la materia, prevista inicialmente para 2024 en Viena;
2. presentar en COPUOS un documento con la opinión nacional, como lo han hecho otros Estados; e
3. involucrarse activamente en los debates del Grupo de Trabajo de COPUOS.

En un mediano plazo, en virtud de los avances en el Grupo de Trabajo con mandato por el momento hasta 2028 y del discernimiento que de la estrategia de trabajo a nivel nacional resulte, la Argentina tendrá elementos para revisar su postura respecto al Acuerdo de la Luna.

Para ello tendrá que involucrar dentro del Ministerio de Relaciones Exteriores a las áreas con competencia en derecho del mar, sistema antártico y temas espaciales, lo que implica una estrategia intraministerial coordinada y colaborativa.

A ello habrá que sumar la valiosa labor de nuestra Misión Permanente en Viena, a cargo de representar al país ante COPUOS (entre otros organismos), para insertarnos activamente en las discusiones multilaterales correspondientes. Esto implica coordinar posiciones con los países de la región a través del GRULAC, con el G77+China y con nuestros socios en la materia, muchos de los cuales son grandes potencias espaciales con capacidades científico-tecnológicas para la exploración y utilización de recursos de la Luna y asteroides.

Nuestro país tendrá que aprovechar la inmensa oportunidad que brinda COPUOS como plataforma de cooperación internacional en materia espacial para fortalecer alianzas existentes, explorar nuevas ideas e insertarse en nuevos proyectos que redunden en beneficio del país, mientras observa sus obligaciones internacionales. En tanto y en cuanto el marco normativo internacional no evolucione hacia un régimen de explotación de los recursos espaciales bajo un esquema de distribución equitativa, la Argentina podrá optar por ponerse a la par de los Estados que ven dichas actividades como tecnológicamente posibles y asociarse a ellas a efectos de no perder posiciones en esta nueva carrera espacial y, eventualmente, limitarlas al ámbito científico y exploratorio.

El carácter reactivo del derecho del espacio ha demostrado que este último no regula hasta que el objeto de regulación se torna una realidad. La Argentina no debería esperar a que la regulación se materialice para ponerse a crear capacidades y oportunidades.

Más allá del rol central de las Naciones Unidas, la Argentina cuenta con opciones multilaterales más acotadas pero con gran potencial, que también le proporcionan oportunidades de cooperación y diálogo en materia espacial. Una de ellas es el G20 que desde 2020 celebra la Reunión de Líderes de Economía Espacial (SELM, por sus siglas en inglés) en las márgenes de la cumbre anual. Otro ejemplo podría ser la Agencia Latinoamericana y Caribeña del Espacio (ALCE). Si bien su instrumento constitutivo aún no entró en vigor y su futuro es por ahora incierto a dos años de la firma, su objeto es fomentar la cooperación entre los Estados miembros en las actividades de exploración, investigación, tecnología espacial y sus aplicaciones.

A nivel bilateral, será recomendable intensificar el diálogo y la cooperación con los otros Estados, afianzando antiguas alianzas y explorando otras nuevas. Históricamente, la Argentina ha trabajado con los dos pioneros espaciales de los albores de la era espacial (Estados Unidos y Rusia). Al mismo tiempo, tiene acuerdos marco de cooperación con otras potencias espaciales, como Francia (en vigor desde febrero de 1996), con Brasil (en vigor desde marzo de 1998), con México (en vigor desde julio de 2016), con India (en vigor desde septiembre de 2018), con China (en vigor desde julio 2020) y con Italia (en vigor desde mayo de 2022). Como lo ha reseñado este trabajo, el club espacial se está ampliando a pasos acelerados y la Argentina tiene hoy un abanico de opciones aún más amplio para forjar alianzas en proyectos de alto desarrollo tecnológico.

Es muy bienvenido que este año se haya reactivado el Grupo de Trabajo Conjunto Argentino Brasileño sobre Cooperación Espacial (GTC), creado a través de la Declaración Conjunta sobre Cooperación Bilateral en los Usos Pacíficos del Espacio Ultraterrestre, firmada en Brasilia el 23 de agosto de 1986 por el Presidente Menem y el Presidente Sarney. En los casos en los que no hay mecanismos específicos especialmente creados para tratar asuntos espaciales, las Consultas Políticas que suelen celebrarse con la mayoría de los Estados con los que el país mantiene relaciones diplomáticas pueden ser un espacio propicio para incluir la exploración de la Luna dentro de la agenda bilateral.

A nivel interministerial, la labor complementaria de la CONAE (dependiente del Ministerio de Ciencia, Tecnología e Innovación) seguirá siendo fundamental. Desde su creación, la agencia espacial argentina fue establecida teniendo presente que el progreso de la ciencia y la tecnología espacial tiene que revestir gran interés para el país en virtud de la importancia que sus aplicaciones tienen para el desarrollo. Entender el concepto de desarrollo desde una óptica más amplia, que exceda el ámbito económico y que abarque la expansión de la frontera del conocimiento del Universo y de todo lo que nos rodea, es un paso necesario para nuestra evolución como Nación y como parte de la humanidad. La CONAE tiene frente a sí el enorme desafío de continuar organizando, administrando y ejecutando la política espacial nacional, para lo cual requerirá una dosis de experiencia del pasado, una dosis de adaptabilidad a los tiempos que corren y una dosis de visión de futuro.

El próximo Plan Espacial Nacional deberá reflejar que en un mundo que avanzó en materia espacial, la Argentina no se quedó atrás; que tiene ambiciones legítimas; que tiene un programa para alcanzarlas y que debe seguir trabajando para ello. Tiene que reflejar ese salto cualitativo en el desarrollo de la industria espacial que nos diferencia de la década de los '90. El próximo Plan Espacial Nacional debería incorporar la exploración de la Luna y los asteroides a efectos de defender los intereses del país cuando se empiecen a desarrollar esas actividades en el futuro no tan lejano. Como ejes centrales deberá preverse el uso sostenible del espacio y sus recursos, el acceso a los beneficios derivados de sus aplicaciones para el bienestar de la población, para promover el desarrollo socioeconómico y para impulsar la industria espacial nacional.

Una política espacial adecuada requiere del contralor y participación del Congreso Nacional. Será auspicioso involucrar a las comisiones parlamentarias que pueden tener alguna competencia en la materia, como son las de Minería, Energía y Combustibles; Ciencia y Tecnología; Economía Nacional e Inversión y Relaciones Exteriores. El involucramiento legislativo en materia espacial contribuirá a instalar el tema como parte de la agenda estratégica del país, como presupuesto para el crecimiento nacional y como instrumento de relacionamiento internacional. Un claro ejemplo de protagonismo del Poder

Legislativo es la sanción de la ya mencionada Ley 27.208 que declara la industria espacial de interés nacional como política de Estado y de prioridad nacional.

Desde el ámbito educativo, la Argentina tiene que plantearse la necesidad de incluir en las carreras de Derecho, Relaciones Internacionales, Ciencias Políticas y Economía materias sobre derecho internacional del espacio, multilateralismo espacial, diplomacia científico-tecnológica y economía espacial. Las carreras de Física, Astronomía y otras ciencias duras deben redoblar sus esfuerzos para atraer más estudiantes a especializaciones orientadas a la ingeniería espacial, tecnicaturas en imágenes y estudios del Universo.

En este plan de acción confluyen la diplomacia parlamentaria, bilateral y multilateral en una triple estrategia: interna, bilateral e internacional. El esquema que sintetiza este plan puede visualizarse en la figura V.1.

FIGURA V.1 - Metodología de trabajo propuesta para elaborar y promover una postura Argentina en relación a la exploración de los recursos espaciales.

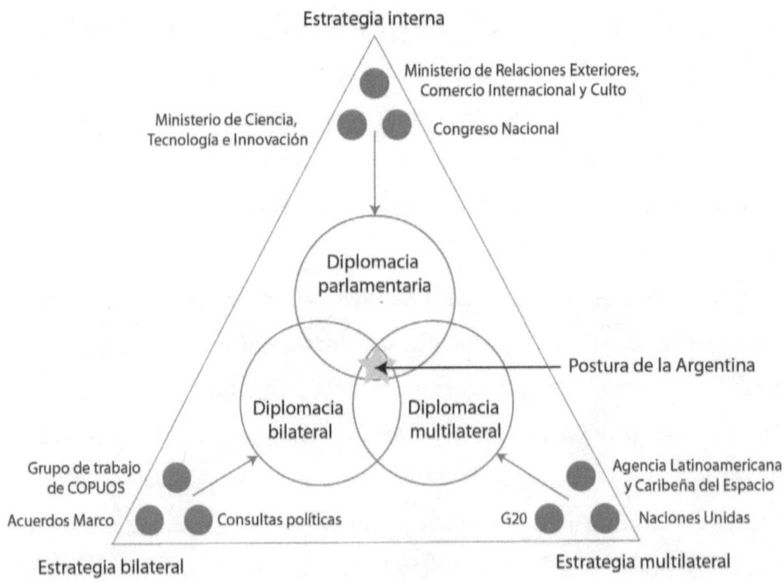

V.4 *Abordar la falta de regulación de los recursos espaciales*

En este capítulo hemos comparado la regulación de la explotación de recursos minerales de la Antártida, de la Zona y de la Luna para extraer similitudes y diferencias. Si bien son tres regímenes distintos que se caracterizan de forma común por ser dominios altamente ricos en recursos minerales, difícilmente accesibles en virtud del estado tecnológico actual y por ser espacios comunes globales regulados por el derecho internacional, se diferencian en que la Antártida es sólo un espacio común global ampliamente reconocido como tal; la Zona es una espacio común global y además es patrimonio común de la humanidad ampliamente reconocido como tal; y la Luna, además de ser un espacio común global (salvo para Estados Unidos),[114] para algunos Estados es patrimonio común de la humanidad (los que son parte en el Acuerdo de la Luna) y para otros no lo es. La duda que surge es si dicha heterogeneidad conceptual respecto al dominio espacial puede mantenerse *ad infinitum* o si su estatus requiere una definición universal clara por parte de la comunidad internacional.

Como consecuencia del análisis efectuado en este capítulo, podemos concluir que no hay dominio común global alguno cuyos recursos minerales no se encuentren regulados por un instrumento jurídicamente vinculante: o hay prohibición absoluta de la explotación de recursos minerales (Antártida) o hay un régimen de explotación claramente estipulado (Zona). Dejar a la Luna y sus recursos minerales desregulados sentaría un precedente negativo en detrimento de las generaciones presentes y futuras.

En este capítulo ofrecimos algunas líneas directrices para que la Argentina aborde esta nueva etapa negociadora de una manera coordinada internamente, de modo tal que confluyan en la estrategia los beneficios de la diplomacia bilateral, multilateral y parlamentaria. Esto implica abrir canales de

[114]Executive Order 13914, *supra* nota 82. En: `https://www.federalregister.gov/executive-order/13914`

diálogo tanto internos como externos para comprender, analizar, elaborar y compartir posiciones que permitan realzar la imagen del país y confirmar su rol protagonista en la creación del derecho internacional del espacio y en la contribución nacional a la gobernanza global del espacio.

El próximo capítulo reunirá las conclusiones y apreciaciones finales de este trabajo con la finalidad de brindar elementos de utilidad para los actores políticos en su gestión de cara al futuro de las actividades en la exploración y utilización de la Luna y otros cuerpos celestes.

VI

Apreciaciones finales

Las negociaciones del Acuerdo de la Luna deben analizarse en su propio contexto, el que estuvo marcado por una serie de acontecimientos que dejaron una impronta particular: una coyuntura internacional en donde las dos grandes potencias en materia espacial –a pesar de los antagonismos imperantes– cooperaban en ciertos ámbitos, como el espacial. En adición, la negociación de instrumentos internacionales en otros ámbitos permitió adoptar cláusulas análogas o con grandes similitudes.

Es cierto que el derecho internacional del espacio tiende a ser reactivo, es decir, reacciona ante las situaciones nuevas, como fue el primer lanzamiento de un satélite, el primer humano en el espacio, el primer humano en la Luna, entre otros. Pero en otros casos, el derecho internacional del espacio intentó adelantarse a la realidad, como es en el caso de la explotación de los recursos minerales. A diferencia de otros regímenes, ello fue sólo un atisbo porque no logró concretizar esa regulación prevista en el Acuerdo de la Luna que postergó establecer una institución encargada de la explotación de recursos minerales en representación de la humanidad.

Como los conceptos de "patrimonio común de la humanidad", "generaciones futuras" y "explotación de recursos minerales" no fueron una invención del derecho del espacio, no pueden analizarse o entenderse de manera aislada sino de una manera sistémica teniendo en cuenta el derecho ambiental, el de los fondos marinos y el de la Antártida. Esto nos lleva a reafirmar la idea de que las ramas del derecho internacional no son compartimentos estancos, sino que se influencian mutuamente en su creación y colaboran recíprocamente en su interpretación. Comprender que el derecho internacional del espacio no se limita al conocimiento del derecho que rige el espacio ultraterrestre y los cuerpos celestes en él es un primer paso para abordar sus problemáticas de una manera más rica y constructiva.

El Acuerdo de la Luna es un claro reflejo de elementos propuestos por la Argentina. El análisis de los trabajos preparatorios, los documentos de trabajo presentados por nuestro país y la producción académica del Emb. Cocca dan cuenta de que el texto final del tratado es claramente una versión más que aceptable para nuestro país. Surge como primer interrogante si las condiciones de la Argentina hoy cambiaron como para tornar dicho tratado inaceptable en la actualidad. Esto implicaría asumir que nuestro país ya no se identifica con los fundamentos que dieron lugar a la posición que esgrimió en su momento. O bien, alternativamente, considerar que la realidad actual no se ajusta a lo que se intentó regular mediante dicho tratado o que el tratado no lo hace de la forma más adecuada en términos técnicos.

Lo primero fue abordado en este trabajo en el marco de las causales endógenas. Para responder a ese interrogante deberíamos evaluar si la Argentina dejó de ser el país en desarrollo que estaba interesado en la preservación de un dominio común global para la humanidad incluyendo las generaciones futuras. De acuerdo al análisis efectuado, claramente esta no es la causal. No obstante, si comparamos la *performance* espacial de nuestro país en los años ‘70 y ‘80 con la actualidad, verificaremos que la Argentina hoy se encuentra en un selecto grupo de países con capacidades espaciales que en aquel entonces no tenía. Sin perjuicio de ello, nuestro país no tiene en sus planes en el corto plazo desarrollar proyectos de explotación de recursos minerales en el espacio ni involucrarse en programas de colonización del espacio profundo. Por lo tanto, esta variable en la ecuación parece mantenerse constante.

Ahora bien, la segunda hipótesis —es decir, que el Acuerdo de la Luna podría haberse vuelto obsoleto o inadecuado para regir la explotación de recursos minerales a la luz de la situación actual— tampoco da una respuesta al rechazo del tratado porque hasta el día de hoy no se cuenta con la tecnología para hacerlo. Es cierto que tecnológicamente estamos más cerca que en la época de las negociaciones del Acuerdo, pero tampoco hay una realidad que demuestre empíricamente que los principios sentados en dicho instrumento son inadecuados. Por lo tanto, esta variable también se mantiene constante.

Más allá de lo analizado en los párrafos precedentes, hay una variable exógena fluctuante que es la fragmentación del mundo: durante las negociaciones del Acuerdo de la Luna, un periodo de colaboración entre las dos únicas potencias espaciales creó una coyuntura que es completamente distinta a la actual, caracterizada por una polarización mayor con un más amplio número de potencias y actores espaciales. Debemos preguntarnos entonces: esta variable, ¿altera la ecuación para la Argentina? La respuesta -al ser una cuestión de orden político- tendrá que emanar de un análisis de oportunidad, mérito y conveniencia. Para este análisis será fundamental involucrar a distintos actores que puedan contribuir a discernir lo mejor para nuestro país.

La explotación de los recursos espaciales hoy vuelve a estar en la agenda doméstica de los países desarrollados, de las instituciones académicas especializadas y de COPUOS. Vuelve a resurgir la dicotomía entre intereses de los países desarrollados y en desarrollo; la puja entre libertad mercantil y uso equitativo y responsable; el dilema entre desregulación y regulación; y la competencia entre propiedad privada y el patrimonio común de la humanidad. Antiguas discusiones con aires renovados.

La Argentina hoy tiene una nueva oportunidad para confirmar sus principios y su vocación negociadora. Para ello, se propone una estrategia (esbozada en la sección V.3, página 112) que involucra a varios actores a nivel nacional y que integra a la Argentina a las discusiones bilaterales y multilaterales con una postura discernida a la luz de otros regímenes del derecho internacional, tomando en cuenta la histórica posición de nuestro país respecto a la utilización exclusivamente pacífica del espacio, resguardando su interés nacional y definiendo el rol que queremos tener en un mundo tecnológicamente más competitivo y geopolíticamente más fragmentado.

Referencias bibliográficas

Accordance with International Law of the Unilateral Declaration of Independence in Respect of Kosovo, Advisory opinion, Judgement, [2010] ICJ Reports 403, 22 July 2010 and Declaration of Judge Simma.

Acuerdo que debe regir las Actividades de los Estados en la Luna y otros Cuerpos Celestes, adoptado el 5 de diciembre de 1979, en vigor desde el 11 de julio de 1984, 1363 UNTS 3 (Acuerdo de la Luna).

Acuerdo Relativo a la Aplicación de la Parte XI de la Convención de las Naciones Unidas sobre el Derecho del Mar de 10 de diciembre de 1982, en vigor desde el 28 de julio de 1994, 1836 UNTS 3.

Addendum on the Working Methods and Work Plan of the Working Group proposed under document A/AC.105/C.2/L.311 entitled "Proposal for the establishment of a working group for the development of an international regime for the utilization and exploitation of space resources" (Greece and Belgium). Doc. ONU A/AC.105/C.2/2019/CRP.22, 8 de abril de 2018.

Address at Rice University On the Nation's Space Effort. (12 de septiembre de 1962). En: https://www.jfklibrary.org/learn/about-jfk/historic-speeches/address-at-rice-university-on-the-nations-space-effort

Agreement Between the United States of America and the Union of Soviet Socialist Republics concerning Cooperation in the Exploration of the Use of Outer Space for the Peaceful Purposes. (24 de mayo de 1972). En: https://www.archives.gov/files/presidential-libraries/events/centennials/nixon/images/exhibit/agreement-of-cooperation.pdf

Argentina. Decreto 995/1991. Créase la Comisión Nacional de Actividades Espaciales (CONAE). Funciones. (28 de mayo de 1991). En: http://servicios.infoleg.gob.ar/infolegInternet/anexos/5000-9999/6295/texact.htm

Argentina. Decreto 2076/1994. Apruébase el Plan Espacial Nacional y sus acciones previstas para el período 1995-2006. (28 de noviembre de 1994). En: http://servicios.infoleg.gob.ar/infolegInternet/anexos/10000-14999/14118/norma.htm

Argentina. Ley 27.208. Ley 27.208. Ley de Desarrollo de la Industria Satelital. (4 de noviembre de 2015). En: http://servicios.infoleg.gob.ar/infolegInternet/anexos/250000-254999/254823/norma.htm

Argentina. Proyecto de Ley N° 1644/19. 3 de junio de 2019. En: https://www.senado.gov.ar/parlamentario/comisiones/verExp/1644.19/S/PL

Argentina: draft agreement on the principles governing activities in the use of the natural resources of the moon and other celestial bodies. Doc. ONU A/AC.105/C.2/L.71, 3 de Julio de 1970.

Background Paper on Specific Issues Falling within the Mandate of the Working Group on Status and Application of the Five United Nations Treaties on Outer Space. Doc. ONU A/AC.105/C.2/2004/CRP.6, 29 de marzo de 2004.

Benkö, M. y Schrogl, K. U. (2000). Space Law at UNISPACE III. Achievements and Perspectives. *Zeitschrift für Luft- und Raumfahrt, 49,* 74-93.

Brittingham, B. (2010). Does the World Really Need New Space Law? *Oregon Review of International Law, 12,* 31-54.

Building blocks for the Development of an International Framework on Space Resource Activities. Doc. ONU A/AC.105/C.2/L.315, 3 de febrero de 2020.

Buttigieg, J. (2016). Arvid Pardo – a diplomat with a mission. *Symposia Melitensia, 12,* 13-28. Cheng, B. (2012). *The United Nations and the Development of International Law Relating to Outer Space.* Oxford Scholarship. En: https://core.ac.uk/download/pdf/83020273.pdf

Changesite-(Y) was Discovered in Soil Sample Brought from the Moon. (9 de septiembre de 2022). En: http://www.cnsa.gov.cn/english/n6465652/n6465653/c6840851/content.html

Cheng, B. (1997). *Studies in International Space Law.* Clarendon Press Oxford.

Christol, C. (1980). The Common Heritage of Mankind Provision in the 1979 Agreement Governing the Activities of States on the Moon and Other Celestial Bodies. The International Lawyer, 14(3), 429-483.

Close, F. (2007). Fears over Factoids. *PhysicsWorld*, 16-17.

Cocca, A. (1958). Principles for a Declaration with Reference to the Legal Nature of the Moon. En Haley, A. y Heinrich, W. (eds). *First Colloquium on the Law of Outer Space* (pp. 34-37). Springer.

Cocca, A. (1965). Tres Cuestiones en Derecho Espacial: Cosmonautas, Vehículos y Cuerpos Celestes. *Aequitas, 6*(6), 354-393.

Cocca, A. (1967). El Derecho Espacial en la Hora Actual. Su Enseñanza en la Universidad del Salvador. *Anales de la Universidad del Salvador*, 124-129.

Cocca, A. (1969). La Luna le pertenece a la Humanidad. *Estudios*, 599, 14-17.

Cocca, A. (1970). *Derecho Espacial para la Gran Audiencia.* Asociación Argentina de Ciencias Aeroespaciales.

Cocca, A. (1971). *Consolidación del Derecho Espacial. Contribución del Pensamiento Argentino a la Codificación del Espacio.* Astrea.

Cocca, A. (1981). The Advances in International Law through the Law of Outer Space. *Journal of Space Law, 9,* 13-20.

Cocca, A. (1982). *Encuadre Jurídico de la Actividad Económica en el Espacio.* Consejo de Estudios Internacionales Avanzados.

Cocca, A. (1989). Revaluation of the Concept of the Human Condition and the Common Heritage of Mankind: Keys to the Social Benefits of Space Technology. *Acta Astronautica, 9*(9), 779- 783.

Cocca, A. (1998). Prospective Space Law. *Journal of Space Law, 26*(1), 51-56.

Comisión de Derecho Internacional, 69th Session, Fourth Report on the Protection of the Atmosphere by Shinya Murase. Doc. ONU. A/CN.4/705, 31 de enero de 2017.

CONAE (2021). 30 Años de la Agencia Espacial Argentina. Mirar la Tierra desde el Espacio. Publicación de la CONAE (libro digital). En: https://www.argentina.gob.ar/ciencia/conae/30-aniversario

Constitución y Convención de la Unión Internacional de Telecomunicaciones, concluida el 22 de diciembre de 1992, en vigor desde el 1 de julio de 1994, 1825 UNTS 331.

Contribution by Belgium to the General Exchange of Views on Potential Legal Models for Activities in the Exploration, Exploitation and Utilization of Space Resources. Doc. ONU A/AC.105/C.2/L.325, 28 de febrero de 2023.

Contribution from Belgium to the Discussion under UNCOPUOS Legal Subcommittee on item "General exchange of views on potential legal models for activities in exploration, exploitation and utilization of space resources". Doc. ONU A/AC.105/C.2/2017/CRP.19, 29 de marzo de 2017.

Contribution of the Grand Duchy of Luxembourg on the Mandate and Purpose of the Working Group on Legal Aspects of Space Resource Activities. (16 de diciembre de 2022). En: https://www.unoosa.org/documents/pdf/copuos/lsc/space-Resources/LSC2023/StatesResponses/Luxembourg_-_20221216_WG_SR_LU_Contribution.pdf

Convención de Viena sobre el Derecho de los Tratados, concluida el 23 de mayo de 1969, en vigor desde el 27 de enero de 1980. Doc ONU A/CONF.39/27 (1969), 1155 U.N.T.S. 331 (CVDT).

Convención del Mar, adoptada el 10 de diciembre de 1982, en vigor desde el 16 de noviembre de 1994, 1833 UNTS 397 (Convemar).

Convención para la Reglamentación de las Actividades sobre Recursos Minerales Antárticos, firmada el 25 de noviembre de 1988.

Convención para la Reglamentación de las Actividades sobre Recursos Minerales Antárticos, firmada el 25 de noviembre de 1988 (no está en vigor). En: https://documents.ats.aq/recatt/att311_s.pdf

Danilenko, G. (2016). International Law-Making for Outer Space Space Policy, (37), 179-183.

Davis, M. y Lee, R. (1999). Twenty Years after the Moon Agreement and its Legal Controversies. *Australian International Law Journal*, 9-32.

De Faramiñan Gilbert, J. M. (2020). La Explotación de los Minerales en los Asteroides y el Patrimonio Común de la Humanidad, Mesa Redonda, 12 de noviembre de 2020, Madrid.

De León, P. (2018). *Historia de la Actividad Espacial en Argentina.* Lenguaje Claro.

De León, P., Tabanera, Marcela y Tabanera, Marisol, Teófilo Tabanera, Father of the Argentine Space Program. *Acta Astronautica*, 137, 91-97.

De Man, P. (2011), The Commercial Exploitation of Outer Space and Celestial Bodies– A Functional Solution to the Natural Resource Challenge, en Proceedings of the 53rd IISL Colloquium on the Law of Outer Space (pp. 43-69).

Deplano, R. (2021). The Artemis Accords: Evolution or Revolution in International Space Law? *International and Comparative Law Quarterly, 70*, 799–819.

Dewar, H. *Would-Be Space Colonists Lead Fight against Moon Treaty.* (30 de octubre de 1979). En: https://www.washingtonpost.com/archive/politics/1979/10/30/would-be-space-colonists-lead-fight-against-moon-treaty/9b3c29c9-cb76-432d-be80-dfa4d639b8f7/

DSI (2005). Compendio de la Doctrina Social de la Iglesia En: https://www.vatican.va/roman_curia/pontifical_councils/justpeace/documents/rc_pc_justpeace_doc_20060526_compendio-dott-soc_sp.html

Dula, A. (1979). Free Enterprise and the Proposed Moon Treaty. *Houston Journal of International Law, 2*(3), 3-33.

EAGLE, Effective and Adaptive Governance for a Lunar Ecosystem, Lunar Governance Report. (10 de mayo de 2021). En: https://spacegeneration.org/wp-content/uploads/2021/05/EAGLE-Report.pdf

Earthrise at 50. *Revista Nature.* Vol. 564, 20-27 de diciembre de 2018.

El Milenio Espacial: Declaración de Viena sobre el Espacio y el Desarrollo Humano, Tercera Conferencia de las Naciones Unidas sobre la Exploración y Utilización del Espacio Ultraterrestre con Fines Pacíficos (UNISPACE III), celebrada en Viena del 19 al 30 de julio de 1999.

El Plan Nacional Espacial cumple 27 años. (28 de noviembre de 2021). En: https://www.argentina.gob.ar/noticias/el-plan-nacional-espacial-cumple-27-anos

Emiratos Árabes Unidos. Federal Law No. (12) of 2019. (19 de diciembre de 2019). En: https://www.moj.gov.ae/assets/2020/Federal%20Law%20No%2012%20of%202019%20on%20THE%20REGULATION%20OF%20THE%20SPACE%20SECTOR.pdf.aspx

ESPI 46 (2021) Artemis Accords: What Implications for Europe? En: https://www.espi.or.at/briefs/artemis-accords-what-implications-for-europe/

Estados Unidos. Executive Order 13914. Encouraging International Support for the Recovery and Use of Space Resources. (6 de abril de 2020). En: https://www.federalregister.gov/executive-order/13914

Estados Unidos. Senate Bill 1694 – Public Law 116 - 275 –The One Small Step to protect Human Heritage in Space Act. Heritage in Space Act. S. 1694, 116th Cong. §1 (2019). En: https://www.govinfo.gov/app/details/PLAW-116publ275

Estados Unidos. Space Policy Directive-1. Presidential Memorandum on Reinvigorating America's Human Space Exploration Program. (11 de diciembre de 2017). En: https://trumpwhitehouse.archives.gov/presidential-actions/presidential-memorandum-reinvigorating-americas-human-space-exploration-program/

Estados Unidos. US Commercial Space Launch Competitiveness Act, PUBLIC LAW 114–90. (25 de noviembre de 2015). En: https://www.congress.gov/114/plaws/publ90/PLAW-114publ90.pdf

Estados Unidos. H.R.1508 – Space Resource Exploration and Utilization Act of 2015. (15 de junio de 2015). En: https://www.congress.gov/bill/114th-congress/house-bill/1508

Freeland, S. y Jakhu, R. (2009), Article II (Outer Space Treaty). En Hobe, S., Schmidt-Tedd, B. y Schrogl, K-U. (eds.), *Cologne Commentary on Space Law* (Vol. I) (pp. 44-63). Carl Heymanns Verlag.

Froehlich, A. (ed.). (2020). *Protection of Cultural Heritage Sites on the Moon*. Springer.

Galloway, E. (1979). Consensus Decisionmaking by the United Nations Committee on the Peaceful Uses of Outer Space. *Journal of Space Law*, (7), 3-14.

Gaudium et Spes, sobre la Iglesia en el Mundo Actual. En: https://www.vatican.va/archive/hist_councils/ii_vatican_council/documents/vat-ii_const_19651207_gaudium-et-spes_sp.html

Germany – Input to the Working Group on Legal Aspects of Space Resource Activities. Doc. ONU A/AC.105/C.2/2023/CRP.13, 20 de marzo de 2023.

Gorove, S. (1983). International Space Law in Perspective - Some Major Issues, Trends and Alternatives (Vol. 181). En Collected Courses of the Hague Academy of International Law. En: http://dx.doi.org/10.1163/1875-8096_pplrdc_A9789024729876_03

Griffin, N. (1981). Americans and the Moon Treaty. *Journal of Air Law and Commerce, 4*(3), 729- 763.

Gros Espiell, H. (1980). El derecho de todos los seres humanos a beneficiarse del patrimonio común de la humanidad. En: http://ru.juridicas.unam.mx/xmlui/handle/123456789/25461

Halket, T., Savage, E., Leister, V., Lephart, J. y Miller, A. (1983). Report on the Proposed Agreement Governing the Activities of States on the Moon and other Celestial Bodies. *Jurimetrics, 23*(3), 259-277.

Hickman, J. (2020). Opinion – The Unimpressive Nature of the Artemis. En: https://www.e-ir.info/2020/10/19/opinion-the-unimpressive-nature-of-the-artemis-accords/

Hobe, S. (2004). ILA Resolution 1/2022 with regard to the common heritage of mankind principle in the Moon Agreement, en Procedimientos del Simposio del IISL, 39-43.

Hobe, S. y Chen, K-W. (2017), Legal Status of Outer Space and Celestial Bodies. En Jakhu, R. y Dempsey, P. (eds), *Handbook of Space Law* (pp. 25-41). Routledge.

Hobe, S. y Tronchetti, F. (2015). Historical Background and Context (SB Declaration). En Hobe, S., Schmidt-Tedd, B. y Schrogl, K-U. (eds.), *Cologne Commentary on Space Law* (Vol. III) (pp. 306-318). Carl Heymanns Verlag.

Hobe, S., Stubbe, S. y Tronchetti, F. (2013). Historical Background (Moon Agreement), en Hobe, S., Schmidt-Tedd, B. y Schrogl, K-U. (eds.), *Cologne Commentary on Space Law* (Vol. II) (pp. 336-347). Carl Heymanns Verlag.

IISL position paper (2016), Does international space law either permit or prohibit the taking of resources in outer space and on celestial bodies, and how is this relevant for national actors? What is the context, and what are the contours and limits of this permission or prohibition? En: https://iislweb.space/wp-content/uploads/2020/01/IISL_Space_Mining_Study.pdf

Information on a Proposal by France for a New Item to be included on the Agenda of the Committee on the Peaceful Uses of Outer Space. Doc. ONU A/AC.105/C.1/2008/CRP.11, 18 de febrero de 2008.

Information on the Activities of International Intergovernmental and Non-governmental Organizations relating to Space Law. Doc. ONU A/AC.105/ C.2/108, 25 de enero de 2016.

Informe de la Comisión sobre Gobernanza Global. *Our Global Neighbourhood*, 1995, (CGG, 1995). En: https://www.gdrc.org/

Informe de la Conferencia de las Naciones Unidas sobre el Medio Humano, Estocolmo, 5 al 6 de junio de 1972. Doc. ONU A/CONF. 48/14/Rev. 1.

Informe de la Primera Reunión Especial Consultiva, celebrada en Londres, 25, 27 y 29 de julio de 1977. En: https://www.ats.aq/devAS/Info/FinalReports?lang=s

Informe de la Undécima Reunión Consultiva, Ministerio de Relaciones Exteriores, Comercio Internacional y Culto, Buenos Aires, 1981. En: https://www.ats.aq/devAS/Info/FinalReports?lang=s

Informe del 37° periodo de sesiones de COPUOS. Doc. ONU A/49/20, 12 de agosto de 1994.

Informe Final de la Novena Reunión Consultiva del Tratado Antártico Doc. ANT/IX/ 83 (Rev. 3), 12 de octubre de 1977. En: https://www.ats.aq/devAS/Info/FinalReports?lang=s

Informe Naciones Unidas, World Economic Situation and Prospects 2023. En: https://www.un.org/development/desa/dpad/publication/world-economic-situation-and-prospects-2023/

Jakhu, R. (2006). Legal Issues Relating to the Global Public Interest in Outer Space. *Journal of Space Law*, 32, 31-110.

Jakhu, R. y Pelton, J. (eds.) (2017). *Global Space Governance: An International Study*. Springer.

Jakhu, R., Freeland, S., Hobe, S. y Tronchetti, F. (2013), Article 11 (Common Heritage of Mankind/International Regime). En Hobe, S., Schmidt-Tedd, B. y Schrogl, K-U. (eds).*Cologne Commentary on Space Law* (Vol. II) (pp. 388-399). Carl Heymanns Verlag.

Jakhu, R., Pelton, J. y Nyampong, Y. (2017). *Space Mining and its Regulation.* Springer.

Jamschon Mac Garry, L. (2021). The Footprint of Latin America in International Space Law. En Froehlich, A. (ed.), *Space Fostering Latin American Societies* (pp. 45-66). Springer.

Jamschon Mac Garry, L. (2021). The Particularities of the Responsibility and Liability Regimes in Space Law: Reality or Myth? *Revista de Derecho Espacial, 5.* En: https://www.revistadederechoespacial.com/pop.php?option=publicacion&idpublicacion=173&idedicion=4750

Jamschon Mac Garry, L. y Freeland, S. (2022). What place for *jus cogens*? How Manfred Lachs foresaw New Thinking in International Space Law. *Journal of Space Law, 46*(2), 260-293.

Japan – Input to the Working Group on Legal Aspects of Space Resource Activities. Doc. ONU A/AC.105/C.2/2023/CRP.33, 20 de marzo de 2023.

Japón. Act on Promotion of Business Activities Related to the Exploration and Development of Space Resources (Act No. 83 of 2021). (23 de junio de 2021). En: https://www.loc.gov/item/global-legal-monitor/2021-09-15/japan-space-resources-act-enacted/

Japón. Cabinet Order Nr. 73 of 2021. En: https://www8.cao.go.jp/space/english/resource/documents/act73_2021.pdf

Jasentuliyana, N. (1986). The UN Space Treaties and the Common Heritage Principle. *Space Policy,4,*(2), 296-301.

Jasentuliyana, N. (1994). Ensuring Equal Access to the Benefits of Space Technologies for all Countries. *Space Policy, 10*(1), 7-18.

Jasentuliyana, N. (1995). Basic Space Science and Developing Countries. *Space Policy, 11*(2), 89-94.

Joint statement on the benefits of adherence to the Agreement Governing the Activities of States on the Moon and Other Celestial Bodies by States parties to the Agreement. Doc. ONU A/AC.105/C.2/L.272, 3 de abril de 2008.

Joint Statement with the Minister for Foreign Affairs & Trade, Senator the Hon Gareth Evans Qc and the Minister for Arts, Sport, the Environment, Tourism Territories, Senator the Hon Graham Richardson (22 de mayo de 1989). En: `https://pmtranscripts.pmc.gov.au/sites/default/files/original/00007607.pdf`

Khatwani, N. (2019). Common Heritage of Mankind for Outer Space. *Astropolitics*, 1-15.

Kiss, A. (1985). The Common Heritage of Mankind: Utopia or Reality? *International Journal, 40*(3), 423-441.

Krasnyak, O. (2018). The Apollo–Soyuz Test Project: Construction of an Ideal Type of Science Diplomacy. *The Hague Journal of Diplomacy, 13*, 410-431.

Krasnyak, O. (2020). Russian Science Diplomacy. *Diplomatic*, 2, 118-134.

Lewis, J. (1996). *Mining the Sky*. Basic Books.

Logsdon, J. (2010). *John F. Kennedy and the Race to the Moon*. Palgrave Macmillan.

LSC Summary Records, 17th Session. UN Doc. A/AC.105/C.2/SR. 291, 22 de marzo 1978.

Luxemburgo. Law of July 20th 2017 on the Exploration and Use of Space Resources. 20 de julio de 2017. En: `https://space-agency.public.lu/en/agency/legal-framework/law_space_resources_english_translation.html`

Lyall, F. and Larsen, P. (2009). *Space Law. A Treatise*. Farnham-Furlington.

Marboe, I. (2021). What, if any, relevance does the Moon Agreement have to activities in space today? *The New Space Age: Beyond Global Order*. En: `https://global.upenn.edu/sites/default/files/perry-world-house/Marboe_SpaceWorkshop.pdf`

Marko, D. (1993). A Kinder, Gentler Moon Treaty: A Critical Review of the Current Moon Treaty and a Proposed Alternative. *Journal of Natural Resources & Environmental Law, 8*(2), 293- 345.

Mayence, F. (2007). Belgium for the Development of a Legal Framework of Universal Areas' Exploration and Exploitation or the Raise of a General Theory of Mankind's Common Heritage, en Proceedings of the McGill University Workshop, 270-272.

Movilla Pateiro, L. (2021) ¿Hacia un Cambio de Paradigma en el Derecho del Espacio Ultraterrestre? *Revista Española de Derecho Internacional, 73*(2), 285-310.

MVA. Best Practices for Sustainable Lunar Activities – Issue 1, Moon Village Association. (21 de octubre de 2020). En: https://moonvillageassociation.org/download/best-practices-for-sustainable-lunar-activities-issue-1/

Neef, R. (2021). Artemis Accords: a New Path Forward for Space Lawmaking? *Adelaide Law Review, 42*(2), 569-580.

Nelson, T. (2011). The Moon Agreement and Private Enterprise: Lessons from Investment Law. *ILSA Journal of International &Comparative Law, 17*(2), 392-416.

O'Brien, D. (2020). Legal Support for the Private Sector: An Implementation Agreement for the Moon Treaty. *Advances in Astronautics Science and Technology, 3*(1), 49-64.

Official Records of the 1515th session of the 22nd session of the General Assembly. Doc. ONU A/C.l/PV.1515, 1 de noviembre de 1967.

Porras, D. (2006). The "Common Heritage" of Outer Space: Equal Benefits for Most of Mankind. *California Western International Law Journal, 37*(1), 143-176.

Proposal for the Establishment of a Working Group for the Development of an International Regime for the Utilization and Exploitation of Space Resources (Greece and Belgium). Doc. ONU A/AC.105/C.2/L.311, 4 de marzo de 2019.

Protocolo al Tratado Antártico sobre Protección del Medio Ambiente, firmado en Madrid el 4 de octubre de 1991 y en vigor desde 1998. (Protocolo de Madrid).

Provisional Summary Record of the 197th meeting of the 12th session of the LSC. Doc. ONU A/AC. 105/C.2/SR. 197, 5 de abril de 1973.

Provisional Summary Record of the 202nd meeting of the 12th session of the LSC. Doc. ONU A/AC. 105/C.2/SR. 202, 17 de abril de 1973.

Questions and Observations by Belgium on the Establishment of National Legal Frameworks for the Exploitation of Space Resources (Belgium). Doc. ONU A/AC.105/C.2/2018/CRP.8, 9 de abril de 2018.

Report of the 5th session of COPUOS. Doc. ONU A/5181, 27 de septiembre de 1962.

Report of the 12th session of COPUOS. Doc. ONU A/7621, 8-17 de septiembre de 1969.

Report of the 62nd session of COPUOS. Doc. ONU A/74/20, 12-21 de junio de 2019, Anexo II. Directrices relativas a la sostenibilidad a largo plazo de las actividades en el espacio ultraterrestre de la Comisión sobre la Utilización del Espacio Ultraterrestre con Fines Pacíficos.

Report of the First Committee of the General Assembly. Doc. ONU A/8529, 22 de noviembre de 1971.

Report of the LSC on its 16th session. Doc. ONU A/AC.105/196, 11 de abril de 1977.

Report of the LSC on its 34th session. Doc. ONU A/AC.105/607, 19 de abril de 1995.

Report of the LSC on its 39th session. Doc. ONU A/AC.105/738, 20 de abril de 2000.

Report of the LSC on its 40th session. Doc. ONU A/AC.105/763, 24 de abril de 2001.

Report of the LSC on its 46th session. Doc. ONU A/AC.105/891, 2 de mayo de 2007.

Report of the LSC on its 55th session. Doc. ONU A/AC.105/1113, 27 de abril de 2016.

Report of the LSC on its 56th session. Doc. ONU A/AC.105/1122, 18 de abril de 2017.

Report of the LSC on its 57th session. Doc. ONU A/AC.105/1177, 30 de abril de 2018.

Report of the LSC on its 58th session. Doc. ONU A/AC.105/1203, 18 de abril de 2019.

Report of the LSC on its 60th session. Doc. ONU A/AC.105/1243, 24 de junio de 2021.

Report of the LSC on its 61st session. Doc. ONU A/AC.105/1260, 19 de abril de 2022.

Report of the LSC on its 62nd session (proyecto). Doc. ONU A/AC.105/C.2/ L.324/ Add.5, 24 de marzo de 2023.

Report of the LSC on its 8th session. Doc. ONU A/AC.105/58, 4 de julio de 1969.

Resolución de la Asamblea General, A/RES/1348 (XIII), 13 de diciembre de 1958.

Resolución de la Asamblea General, A/RES/1472 (XIV), 12 de diciembre de 1959.

Resolución de la Asamblea General, A/RES/1721 (XVI), 20 de diciembre de 1961.

Resolución de la Asamblea General, A/RES/1962 (XVIII), 13 de diciembre de 1963.

Resolución de la Asamblea General, A/RES/2749 (XXV), 17 de diciembre de 1970.

Resolución de la Asamblea General 2779 (XXVI), A/RES/2779 (XXVI), 29 de noviembre de 1971.

Resolución de la Asamblea General, Resolución 3201 (S-VI), 1 de mayo de 1974.

Resolución de la Asamblea General 34/68, A/RES/34/68, 5 de diciembre de 1979.

Resolución de la Asamblea General 49/34, A/RES/49/34, 9 de diciembre de 1994.

Resolución de la Asamblea General 55/122, A/RES/55/122,13 de diciembre de 1996.

Resolución ILA, 1/2002, contenida en el Doc. ONU A/AC.105/C.2/2004/CRP.6, 29 de marzo de 2004.

Responses to the set of Questions provided by the Chair of the Working Group on the Status and Application of the Five United Nations Treaties on Outer Space. Doc. ONU A/AC.105/C.2/2013/CRP.18, 8 de abril de 2013.

Roca, M. INVAP: Soberanía tecnológica y desarrollo nacional desde una visión pragmática y sin subsidios estatales. *Infobae.* (22 de abril de 2023). En: `https://www.infobae.com/def/2023/04/22/invap-soberania-tecnologica-y-desarrollo-nacional-desde-una-vision-pragmatica-y-sin-subsidios-estatales/`

Rotola, G. y Williams, A. (2021). Regulatory Context of Conflicting Uses of Outer Space: Astronomy and Satellite Constellations. *Air & Space Law,* (46), 545–568.

Russian Federation – Input to the Working Group on Legal Aspects of Space Resource Activities. Doc. ONU A/AC.105/C.2/2023/CRP.20, 20 de marzo de 2023.

Schrunk, D., Sharpe, B., Cooper, B., Thangabelu, M. (2008). The Moon: Future Development and Resources. Springer.

Smith, W. (2021).Using the Artemis Accords to Build Customary International Law: A Vision for a U.S.-Centric Good Governance Regime in Outer Space. *Journal of Air Law and Commerce, 89*(4), 661-700.

SS 'Lotus' (France v. Turkey), PCIJ (Ser. A) No. 10, 7 de septiembre de 1927.

Storr, C. Why did Australia sign the Moon Treaty? (24 de mayo 2021). En: https://www.lowyinstitute.org/the-interpreter/why-did-australia-sign-moon-treaty

Summary Record of the 112th meeting of the 8th session of COPUOS. Doc. ONU A/AC/C.2/SR.112, 11 de junio de 1969.

Summary Records of the 190th meeting of the 11th session of the LSC. Doc. ONU A/AC. 105/C.2/SR. 190, 12 de julio de 1972.

Summary Records of the 197th meeting of the 12th session of the LSC. Doc. ONU A/AC. 105/C.2/SR. 197, 5 de abril de 1973.

Summary Records of the 212th meeting of the 13th session of the LSC. Doc. ONU A/AC. 105/C.2/SR. 212, 10 de mayo de 1974.

Summary Records of the 215th meeting of the 13th session of the LSC. Doc. ONU A/AC. 105/C.2/SR. 215, 15 de mayo de 1974.

Summary Records of the 231st meeting of the 14th session of the LSC. Doc. ONU A/AC. 105/C.2/SR. 231, 14 de febrero de 1975.

Summary Records of the 250th meeting of the 15th session of the LSC. Doc. ONU A/AC. 105/C.2/SR. 250, 7 de mayo de 1976.

Summary Records of the 291st meeting of the 17th session of the LSC. Doc. ONU A/AC. 105/C.2/SR. 291, 12 de julio de 1978.

Taylor, J. (2019). Scientific Discoveries from the Apollo 11 Mission. *Planetary Science Research Discoveries.* En: http://www.psrd.hawaii.edu/July19/Apollo11-discoveries.html

The Establishment of a Working Group on Potential Legal Models for Activities in Exploration, Exploitation and Utilization of Space Resources. Doc. ONU A/AC.105/C.2/2021/CRP.18, 1 de junio de 2021.

The Establishment of a Working Group on Potential Legal Models for Activities in Exploration, Exploitation and Utilization of Space Resources. Doc. ONU A/AC.105/C.2/2021/CRP.26, 8 de junio de 2021.

The Hague Space Resources Governance Working Group. Doc. ONU A/ AC.105/C.2/2016/CRP.17, 5 de abril de 2016.

The Hague Working Group on Space Resources, Building Blocks for the Development of an International Framework on Space Resource Activities. (12 de noviembre de 2019). En: https://www.universiteitleiden.nl/en/law/institute-of-public-law/institute-of-air-space-law/the-hague-space-resources-governance-working-group

The Montreal Declaration, Second Manfred Lachs International Conference on Global Space Governance, Universidad McGill, Montreal, 29-31 de mayo de 2014 (McGill, 2014). En: https://www.mcgill.ca/iasl/files/iasl/montreal-declaration-2nd-manfred-lachs-conference.pdf/

Tratado Antártico, adoptado el 1 de diciembre de 1959 y en vigor desde el 23 de junio de 1961, 402 U.N.T.S. 71.

Tratado de no proliferación de Armas Nucleares, abierto a la firma el 1 de julio de 1968, en vigor del 5 de marzo de 1970 (TNP).

Tratado sobre los principios que deben regir las actividades de los Estados en la exploración y utilización del espacio ultraterrestre, incluso la Luna y otros cuerpos celeste, adoptado el 16 de diciembre de 1966, en vigor desde el 10 de octubre de 1967, 610 UNTS 205 (Tratado del Espacio).

Tronchetti, F y Liu, H. (2021). Australia's Signing of the Artemis Accords: a Positive Development or a Controversial Choice? *Australian Journal of International Affair, 75*(3), 243-251.

Tronchetti, F. (2015). Legal Aspects of Space Resource Utilization. En von der Dunk, F. (ed.), *Handbook of Space Law* (pp. 769-813). Edward Elgar Publishing.

Tronchetti, F. y Liu, H. (2018). The Trump Administration and Outer Space: Promoting US Leadership or Heading towards Isolation? *Australian Journal of International Affairs, 72*(5), 418-432.

UNISPACE '82: A Context for International Cooperation and Competition (marzo 1983). En: https://ota.fas.org/reports/8328.pdf

United Kingdom – Input to the Working Group on Legal Aspects of Space Resource Activities. Doc. ONU A/AC.105/C.2/2023/CRP.21, 20 de marzo de 2023.

United Nations Conference on the Law of the Sea. Official Records. Volume II: Plenary Meetings, Summary records of meetings and Annexes, Geneva, 24 February–27 April 1958. Doc. ONU A/CONF.13/38.

United States – Input to the Working Group on Legal. Aspects of Space Resource Activities. Doc. ONU A/AC.105/C.2/2023/CRP.37, 21 de marzo de 2023.

Vancouver Recommendations on Space Mining. Outer Space Institute. (20 de abril de 2020). En: https://www.outerspaceinstitute.ca/docs/Vancouver_Recommendations_on_Space_Mining.pdf

Vilelli, M. y Rus, G. (2016), *El Futuro llegó. Plan Satelital Geostacionario Argentino (2015-2035)*. OINK.

von der Dunk, F. (2007). Back in Business? The Moon Agreement, Private Actors and Possible Commercial Exploitation of the Moon and its Natural Resources. En *Proceedings of the International and Interdisciplinary Workshop on Policy and Law Relating to Outer Space Resources: Examples of the Moon, Mars, and Other Celestial Bodies*. Montreal: McGill University Center for Research of Air and Space Law (pp. 244-269).

von der Dunk, F. (2021). Armed Conflicts in Outer Space: Which Law Applies? *University of Nebraska*, 188-231. En: https://digital-commons.usnwc.edu/ils/vol97/iss1/17/

Williams, S. M. (1981). International Law Before and After the Moon Agreement. *International Relations, 7*(2), 1168–1193. En: https://doi.org/10.1177/004711788100700206

Wolter, D. (1985). The Peaceful Purpose Standard of the Common Heritage of Mankind Principle in Outer Space Law. *ASILS Journal of International Law, 9*, 117-146.

Working Group on Legal Aspects of Space Resource Activities: Joint proposal for an international conference to take place in 2024 in accordance with the Five-year workplan and methods of work for the Working Group. Doc. ONU A/AC.105/C.2/2023/CRP. 41, 29 de marzo de 2021.

Zhukov, G. y Kolosov, Y (2014). *International Space Law*. Ctatyt (traducido al inglés por Boris Belitzky).

Zwart, M. y Henderson, S. (eds.). (2021). *To the Moon and Beyond: The Artemis Accords and the Evolution of Space Law*. Springer.

Anexos

A *Abreviaturas*

ALCE	Agencia Latinoamericana y Caribeña del Espacio
AGNU	Asamblea General de las Naciones Unidas
CDI	Comisión de Derecho Internacional
CNES	Centre National d'Etudes Spatiales
CNIE	Comisión Nacional de Investigaciones Espaciales
CNSA	China National Space Administration
CONAE	Comisión Nacional de Actividades Espaciales
COPUOS	Committee on the Peaceful Uses of Outer Space
CVDT	Convención de Viena sobre el Derecho de los Tratados
DLR	Deutsches Zentrum für Luft- und Raumfahrt
EAGLE	Effective and Adaptive Governance for a Lunar Ecosystem
ESA	European Space Agency
ESPI	European Space Policy Institute
G77	Grupo de los 77
GRULAC	Grupo de América Latina y el Caribe
GTC	Grupo de Trabajo Conjunto Argentino Brasileño sobre Cooperación Espacial
GTRecEsp	Grupo de Trabajo sobre los aspectos jurídicos de las actividades relacionadas con los recursos espaciales
IISL	International Institute of Space Law
ILA	International Law Association
ILC	International Law Commission

INPE	Instituto Nacional de Pesquisas Espaciais
ISA	Israel Space Agency
ISEN	Instituto del Servicio Exterior de la Nación
ISRO	Indian Space Research Organization
JAXA	Japan Aerospace Exploration Agency
LSC	Legal Subcommittee of COPUOS
MVA	Moon Village Association
MBRSC	Mohammed Bin Rashid Space Centre
NASA	National Aeronautics and Space Administration
OOSA	Office for Outer Space Affairs
PEN	Plan Espacial Nacional
SAC	Satélite de Aplicaciones Científicas
SACT	Subcomisión de Asuntos Científicos y Técnicos de COPUOS
SAJ	Subcomisión de Asuntos Jurídicos de COPUOS
SAOCOM	Satélite Argentino de Observación con Microondas
SGAC	Space Generation Advisory Council
SIASGE	Sistema Ítalo-Argentino de Satélites para la Gestión de Emergencias
TNP	Tratado de no proliferación de Armas Nucleares
UIT	Unión Internacional de Telecomunicaciones

B *Facsímil de la propuesta de Argentina para un Acuerdo de la Luna (1970)*

UN Doc. A/AC. 105/85, Annex II, pp. 1–2.

A/AC.105/85
Annex II
page 1

ANNEX II

PROPOSALS CONCERNING QUESTIONS RELATIVE TO THE DEFINITION OF OUTER SPACE AND THE UTILIZATION OF OUTER SPACE AND CELESTIAL BODIES, INCLUDING THE VARIOUS IMPLICATIONS OF SPACE COMMUNICATIONS

Argentina: draft agreement on the principles governing activities in the use of the natural resources of the moon and other celestial bodies (A/AC.105/C.2/L.71 and Corr.1)

The States Parties to this Agreement,

Bearing in mind that activities in the use of the natural resources of the Moon have begun,

Reaffirming that mankind has a common interest in promoting the use of outer space, including the Moon and other celestial bodies, for peaceful purposes,

Considering that the Treaty of 27 January 1967 does not establish regulations specificially for activities in the use of the natural resources of the Moon and other celestial bodies,

Believing that it is necessary to complete the provisions of that Treaty with respect to the legal system for activities in the use of such resources,

Bearing in mind the benefits to be obtained from the prompt establishment of principles for the use of the natural resources of the Moon and other celestial bodies by means of a general agreement within the framework of the 1967 Treaty,

Recalling that the use of outer space must be for the benefit and in the interests of all countries, and shall be the province of all mankind,

Have agreed on the following:

Article 1

The natural resources of the Moon and other celestial bodies shall be the common heritage of all mankind.

Article 2

All substances originating in the Moon or other celestial bodies shall be regarded as natural resources.

Article 3

The legal system applicable to natural resources used in their place of origin shall be distinct from that applicable to those brought to the Earth for use.

A/AC.105/85
Annex II
page 2

Article 4

The benefits obtained from the use of the natural resources of the Moon and other celestial bodies shall be made available to all peoples without discrimination of any kind.

Article 5

In distributing such benefits, account shall be taken of the need to promote the attainment of higher standards of living and conditions of economic and social progress and development, pursuant to article 55a of the Charter of the United Nations, in the light of the interests and requirements of the developing countries and the rights of those undertaking these activities. (Followed by the formal provisions or final clauses on the lines of those of the Treaty of 1967 and the Agreement of 1968).

C Acuerdo de la Luna (1979)

Reproducido de:

Tratados y Principios de las Naciones Unidas sobre el Espacio Ultraterrestre, Naciones Unidas, 2008. (pp. 27-36). En: https://www.unoosa.org/res/oosadoc/data/documents/2008/stspace/stspace11rev_2_0_html/st_space_11rev2S.pdf

E. Acuerdo que debe regir las actividades de los Estados en la Luna y otros cuerpos celestes

Aprobado por la Asamblea General en su resolución 34/68, de 5 de diciembre de 1979

Los Estados Partes en el presente Acuerdo,

Observando las realizaciones de los Estados en la exploración y utilización de la Luna y otros cuerpos celestes,

Reconociendo que la Luna, como satélite natural de la Tierra, desempeña un papel importante en la exploración del espacio ultraterrestre,

Firmemente resueltos a favorecer, sobre la base de la igualdad, el desarrollo de la colaboración entre los Estados a los efectos de la exploración y utilización de la Luna y otros cuerpos celestes,

Deseando evitar que la Luna se convierta en zona de conflictos internacionales,

Teniendo en cuenta los beneficios que se pueden derivar de la explotación de los recursos naturales de la Luna y otros cuerpos celestes,

Recordando el Tratado sobre los principios que deben regir las actividades de los Estados en la exploración y utilización del espacio ultraterrestre, incluso la Luna y otros cuerpos celestes[1], el Acuerdo sobre el salvamento y la devolución de astronautas y la restitución de objetos lanzados al espacio ultraterrestre[2], el Convenio sobre la responsabilidad internacional por daños causados por objetos espaciales[3] y el Convenio sobre el registro de objetos lanzados al espacio ultraterrestre[4],

Teniendo presente la necesidad de aplicar concretamente y desarrollar, en lo concerniente a la Luna y otros cuerpos celestes, las disposiciones de esos instrumentos internacionales, habida cuenta de los futuros progresos en la exploración y utilización del espacio,

Han convenido en lo siguiente:

Artículo 1

1. Las disposiciones del presente Acuerdo relativas a la Luna se aplicarán también a otros cuerpos celestes del sistema solar distintos de la Tierra, excepto en los casos en que con respecto a alguno de esos cuerpos celestes entren en vigor normas jurídicas específicas.
2. Para los fines del presente Acuerdo, las referencias a la Luna incluirán las órbitas alrededor de la Luna u otras trayectorias dirigidas hacia ella o que la rodean.

[4]Naciones Unidas, *Treaty Series*, vol. 1023, N° 15020.

27

3. El presente Acuerdo no se aplica a las materias extraterrestres que llegan a la superficie de la Tierra por medios naturales.

Artículo 2

Todas las actividades que se desarrollen en la Luna, incluso su exploración y utilización, se realizarán de conformidad con el derecho internacional, en especial la Carta de las Naciones Unidas, y teniendo en cuenta la Declaración sobre los principios de derecho internacional referentes a las relaciones de amistad y a la cooperación entre los Estados de conformidad con la Carta de las Naciones Unidas[5], aprobada por la Asamblea General el 24 de octubre de 1970, en interés del mantenimiento de la paz y la seguridad internacionales y del fomento de la cooperación internacional y la comprensión recíproca, y prestando la consideración debida a los respectivos intereses de todos los otros Estados Partes.

Artículo 3

1. Todos los Estados Partes utilizarán la Luna exclusivamente con fines pacíficos.
2. Se prohíbe recurrir a la amenaza o al uso de la fuerza, así como a otros actos hostiles o a la amenaza de estos actos, en la Luna. Se prohíbe también utilizar la Luna para cometer tales actos o para hacer tales amenazas con respecto a la Tierra, a la Luna, a naves espaciales, a tripulaciones de naves espaciales o a objetos espaciales artificiales.
3. Los Estados Partes no pondrán en órbita alrededor de la Luna, ni en otra trayectoria hacia la Luna o alrededor de ella, objetos portadores de armas nucleares o de cualquier otro tipo de armas de destrucción en masa, ni colocarán o emplearán esas armas sobre o en la Luna.
4. Queda prohibido establecer bases, instalaciones y fortificaciones militares, efectuar ensayos de cualquier tipo de armas y realizar maniobras militares en la Luna. No se prohíbe la utilización de personal militar para investigaciones científicas ni para cualquier otro fin pacífico. Tampoco se prohíbe la utilización de cualesquier equipo o material necesarios para la exploración y utilización de la Luna con fines pacíficos.

Artículo 4

1. La exploración y utilización de la Luna incumbirán a toda la humanidad y se efectuarán en provecho y en interés de todos los países, sea cual fuere su grado de desarrollo económico y científico. Se tendrán debidamente en cuenta los intereses de las generaciones actuales y venideras, así como la necesidad de promover niveles de vida más altos y mejores condiciones

---

[5]Resolución 2625 (XXV), anexo.

de progreso y desarrollo económico y social de conformidad con la Carta de las Naciones Unidas.

2. En todas sus actividades relativas a la exploración y utilización de la Luna, los Estados Partes se guiarán por el principio de la cooperación y la asistencia mutua. La cooperación internacional conforme al presente Acuerdo deberá ser lo más amplia posible y podrá llevarse a cabo sobre una base multilateral o bilateral o por conducto de organizaciones internacionales intergubernamentales.

Artículo 5

1. Los Estados Partes informarán al Secretario General de las Naciones Unidas, así como al público y a la comunidad científica internacional, en toda la medida de lo posible y practicable, de sus actividades relativas a la exploración y utilización de la Luna. Se proporcionará respecto de cada misión a la Luna, a la mayor brevedad posible después del lanzamiento, información sobre la fecha, los objetivos, las localizaciones, los parámetros orbitales y la duración de la misión, en tanto que, después de terminada cada misión, se proporcionará información sobre sus resultados, incluidos los resultados científicos. En cada misión que dure más de sesenta días, se facilitará periódicamente, a intervalos de treinta días, información sobre el desarrollo de la misión, incluidos cualesquiera resultados científicos. En las misiones que duren más de seis meses, sólo será necesario comunicar ulteriormente las adiciones a tal información que sean significativas.

2. Todo Estado Parte que tenga noticia de que otro Estado Parte proyecta operar simultáneamente en la misma zona de la Luna, o en la misma órbita alrededor de la Luna, o en la misma trayectoria hacia la Luna o alrededor de ella, comunicará sin demora al otro Estado las fechas y los planes de sus propias operaciones.

3. Al desarrollar actividades con arreglo al presente Acuerdo, los Estados Partes informarán prontamente al Secretario General de las Naciones Unidas, así como al público y a la comunidad científica internacional, de cualquier fenómeno que descubran en el espacio ultraterrestre, incluso la Luna, que pueda poner en peligro la vida o la salud humanas, así como de cualquier indicio de vida orgánica.

Artículo 6

1. La investigación científica en la Luna será libre para todos los Estados Partes, sin discriminación de ninguna clase, sobre la base de la igualdad y de conformidad con el derecho internacional.

2. Al realizar investigaciones científicas con arreglo a las disposiciones del presente Acuerdo, los Estados Partes tendrán derecho a recoger y extraer

de la Luna muestras de sus minerales y otras sustancias. Esas muestras permanecerán a disposición de los Estados Partes que las hayan hecho recoger y éstos podrán utilizarlas con fines científicos. Los Estados Partes tendrán en cuenta la conveniencia de poner parte de esas muestras a disposición de otros Estados Partes interesados y de la comunidad científica internacional para la investigación científica. Durante las investigaciones científicas, los Estados Partes también podrán utilizar los minerales y otras sustancias de la Luna en cantidades adecuadas para el apoyo de sus misiones.

3. Los Estados Partes están de acuerdo en que conviene intercambiar personal científico y de otra índole, en toda la medida de lo posible y practicable, en las expediciones a la Luna o en las instalaciones allí situadas.

Artículo 7

1. Al explorar y utilizar la Luna, los Estados Partes tomarán medidas para que no se perturbe el actual equilibrio de su medio, ya por la introducción de modificaciones nocivas en ese medio, ya por su contaminación perjudicial con sustancias ajenas al medio, ya de cualquier otro modo. Los Estados Partes tomarán también medidas para no perjudicar el medio de la Tierra por la introducción de sustancias extraterrestres o de cualquier otro modo.

2. Los Estados Partes informarán al Secretario General de las Naciones Unidas de las medidas que estén adoptando de conformidad con el párrafo 1 del presente artículo y también, en la mayor medida viable, le notificarán por anticipado todos los emplazamientos que hagan de materiales radiactivos en la Luna y los fines de dichos emplazamientos.

3. Los Estados Partes informarán a los demás Estados Partes y al Secretario General acerca de las zonas de la Luna que tengan especial interés científico, a fin de que, sin perjuicio de los derechos de los demás Estados Partes, se considere la posibilidad de declarar esas zonas reservas científicas internacionales para las que han de concertarse acuerdos de protección especiales, en consulta con los órganos competentes de las Naciones Unidas.

Artículo 8

1. Los Estados Partes podrán desarrollar sus actividades de exploración y utilización de la Luna en cualquier punto de su superficie o bajo su superficie, sin perjuicio de las demás estipulaciones del presente Acuerdo.

2. A esos fines, los Estados Partes podrán, especialmente:

a) Hacer aterrizar sus objetos espaciales en la Luna y proceder a su lanzamiento desde la Luna;

b) Instalar su personal y colocar sus vehículos espaciales, su equipo, su material, sus estaciones y sus instalaciones en cualquier punto de la superficie o bajo la superficie de la Luna.

El personal, los vehículos espaciales, el equipo, el material, las estaciones y las instalaciones podrán moverse o ser desplazadas libremente sobre o bajo la superficie de la Luna.

3. Las actividades desarrolladas por los Estados Partes de conformidad con las disposiciones de los párrafos 1 y 2 del presente artículo no deberán entorpecer las actividades desarrolladas en la Luna por otros Estados Partes. En caso de que pudieran constituir un obstáculo, los Estados Partes interesados celebrarán consultas de conformidad con los párrafos 2 y 3 del artículo 15 del presente Acuerdo.

Artículo 9

1. Los Estados Partes podrán establecer en la Luna estaciones habitadas o inhabitadas. El Estado Parte que establezca una estación utilizará únicamente el área que sea precisa para las necesidades de la estación y notificará inmediatamente al Secretario General de las Naciones Unidas el emplazamiento y objeto de tal estación. Ulteriormente, cada año, dicho Estado notificará asimismo al Secretario General si la estación se sigue utilizando y si se ha modificado su objeto.

2. Las estaciones deberán estar dispuestas de modo que no entorpezcan el libre acceso a todas las zonas de la Luna del personal, los vehículos y el equipo de otros Estados Partes que desarrollan actividades en la Luna de conformidad con lo dispuesto en el presente Acuerdo o en el artículo I del Tratado sobre los principios que deben regir las actividades de los Estados en la exploración y utilización del espacio ultraterrestre, incluso la Luna y otros cuerpos celestes.

Artículo 10

1. Los Estados Partes adoptarán todas las medidas practicables para proteger la vida y la salud de las personas que se encuentren en la Luna. A tal efecto, considerarán a toda persona que se encuentre en la Luna como un astronauta en el sentido del artículo V del Tratado sobre los principios que deben regir las actividades de los Estados en la exploración y utilización del espacio ultraterrestre, incluso la Luna y otros cuerpos celestes, y como un miembro de la tripulación de una nave espacial en el sentido del Acuerdo sobre el salvamento y la devolución de astronautas y la restitución de objetos lanzados al espacio ultraterrestre.

2. Los Estados Partes ofrecerán refugio en sus estaciones, instalaciones, vehículos o equipo a las personas que se encuentren en peligro en la Luna.

Artículo 11

1. La Luna y sus recursos naturales son patrimonio común de la humanidad conforme a lo enunciado en las disposiciones del presente Acuerdo y en particular en el párrafo 5 del presente artículo.

2. La Luna no puede ser objeto de apropiación nacional mediante reclamaciones de soberanía, por medio del uso o la ocupación, ni por ningún otro medio.

3. Ni la superficie ni la subsuperficie de la Luna, ni ninguna de sus partes o recursos naturales podrán ser propiedad de ningún Estado, organización internacional intergubernamental o no gubernamental, organización nacional o entidad no gubernamental ni de ninguna persona física. El emplazamiento de personal, vehículos espaciales, equipo, material, estaciones e instalaciones sobre o bajo la superficie de la Luna, incluidas las estructuras unidas a su superficie o la subsuperficie, no creará derechos de propiedad sobre la superficie o la subsuperficie de la Luna o parte alguna de ellas. Las disposiciones precedentes no afectan al régimen internacional a que se hace referencia en el párrafo 5 del presente artículo.

4. Los Estados Partes tienen derecho a explorar y utilizar la Luna sin discriminación de ninguna clase, sobre una base de igualdad y de conformidad con el derecho internacional y las condiciones estipuladas en el presente Acuerdo.

5. Los Estados Partes en el presente Acuerdo se comprometen a establecer un régimen internacional, incluidos los procedimientos apropiados, que rija la explotación de los recursos naturales de la Luna, cuando esa explotación esté a punto de llegar a ser viable. Esta disposición se aplicará de conformidad con el artículo 18 del presente Acuerdo.

6. A fin de facilitar el establecimiento del régimen internacional a que se hace referencia en el párrafo 5 del presente artículo, los Estados Partes informarán al Secretario General de las Naciones Unidas así como al público y a la comunidad científica internacional, en la forma más amplia posible y viable, sobre los recursos naturales que descubran en la Luna.

7. Entre las principales finalidades del régimen internacional que se ha de establecer figurarán:

   a) El desarrollo ordenado y seguro de los recursos naturales de la Luna;

   b) La ordenación racional de esos recursos;

   c) La ampliación de las oportunidades para el uso de esos recursos;

   d) Una participación equitativa de todos los Estados Partes en los beneficios obtenidos de esos recursos, teniéndose especialmente en cuenta los intereses y necesidades de los países en desarrollo, así como los esfuerzos de los países que hayan contribuido directa o indirectamente a la explotación de la Luna.

8. Todas las actividades referentes a los recursos naturales de la Luna se realizarán en forma compatible con las finalidades especificadas en el párrafo 7 del presente artículo y con las disposiciones del párrafo 2 del artículo 6 del presente Acuerdo.

Artículo 12

1. Los Estados Partes retendrán la jurisdicción y el control sobre el personal, los vehículos, el equipo, el material, las estaciones y las instalaciones de su pertenencia que se encuentren en la Luna. El derecho de propiedad de los vehículos espaciales, el equipo, el material, las estaciones y las instalaciones no resultará afectado por el hecho de que se hallen en la Luna.
2. Cuando esos vehículos, instalaciones y equipo o sus partes componentes sean hallados fuera del lugar para el que estaban destinados, se les aplicará el artículo 5 del Acuerdo sobre el salvamento y la devolución de astronautas y la restitución de objetos lanzados al espacio ultraterrestre.
3. En caso de emergencia con peligro para la vida humana, los Estados Partes podrán utilizar el equipo, los vehículos, las instalaciones, el material o los suministros de otros Estados Partes en la Luna. Se notificará prontamente tal utilización al Secretario General de las Naciones Unidas o al Estado Parte interesado.

Artículo 13

El Estado Parte que compruebe que un objeto espacial no lanzado por él o sus partes componentes han aterrizado en la Luna a causa de una avería, o han hecho en ella un aterrizaje forzoso o involuntario, informará sin demora al Estado Parte que haya efectuado el lanzamiento y al Secretario General de las Naciones Unidas.

Artículo 14

1. Los Estados Partes en el presente Acuerdo serán responsables internacionalmente de las actividades nacionales que realicen en la Luna los organismos gubernamentales o las entidades no gubernamentales, y deberán asegurar que dichas actividades se efectúen en conformidad con las disposiciones del presente Acuerdo. Los Estados Partes se asegurarán de que las entidades no gubernamentales que se hallen bajo su jurisdicción sólo emprendan actividades en la Luna con la autorización y bajo la constante fiscalización del pertinente Estado Parte.
2. Los Estados Partes reconocen que, además de las disposiciones del Tratado sobre los principios que deben regir las actividades de los Estados en la exploración y utilización del espacio ultraterrestre, incluso la Luna y otros cuerpos celestes, y del Convenio sobre la responsabilidad

internacional por daños causados por objetos espaciales, puede ser necesario hacer arreglos detallados sobre la responsabilidad por daños causados en la Luna como consecuencia de actividades más extensas en la Luna. Esos arreglos se elaborarán de conformidad con el procedimiento estipulado en el artículo 18 del presente Acuerdo.

Artículo 15

1. Todo Estado Parte podrá asegurarse de que las actividades de los otros Estados Partes en la exploración y utilización de la Luna son compatibles con las disposiciones del presente Acuerdo. Con este fin, todos los vehículos espaciales, el equipo, el material, las estaciones y las instalaciones que se encuentren en la Luna serán accesibles a los otros Estados Partes. Dichos Estados Partes notificarán con antelación razonable su intención de hacer una visita, con objeto de que sea posible celebrar las consultas que procedan y adoptar un máximo de precauciones para velar por la seguridad y evitar toda perturbación del funcionamiento normal de la instalación visitada. A los efectos del presente artículo, todo Estado Parte podrá utilizar sus propios medios o podrá actuar con asistencia total o parcial de cualquier otro Estado Parte, o mediante procedimientos internacionales apropiados, dentro del marco de las Naciones Unidas y de conformidad con la Carta.

2. Todo Estado Parte que tenga motivos para creer que otro Estado Parte no cumple las disposiciones que le corresponden con arreglo al presente Acuerdo o que otro Estado Parte vulnera los derechos del primer Estado con arreglo al presente Acuerdo podrá solicitar la celebración de consultas con ese Estado Parte. El Estado Parte que reciba dicha solicitud procederá sin demora a celebrar esas consultas. Todos los Estados Partes que participen en las consultas tratarán de lograr una solución mutuamente aceptable de la controversia y tendrán presentes los derechos e intereses de todos los Estados Partes. El Secretario General de las Naciones Unidas será informado de los resultados de las consultas y transmitirá la información recibida a todos los Estados Partes interesados.

3. Cuando las consultas no permitan llegar a una solución que sea mutuamente aceptable y respete los derechos e intereses de todos los Estados Partes, las partes interesadas tomarán todas las medidas necesarias para resolver la controversia por otros medios pacíficos de su elección adecuados a las circunstancias y a la naturaleza de la controversia. Cuando surjan dificultades en relación con la iniciación de consultas o cuando las consultas no permitan llegar a una solución mutuamente aceptable, todo Estado Parte podrá solicitar la asistencia del Secretario General, sin pedir el consentimiento de ningún otro Estado Parte interesado, para resolver la controversia. El Estado Parte que no mantenga relaciones diplomáticas con otro Estado Parte interesado participará en esas consultas, según prefiera, por sí mismo o por mediación de otro Estado Parte o del Secretario General.

Artículo 16

A excepción de los artículos 17 a 21, se entenderá que las referencias que se hagan en el presente Acuerdo a los Estados se aplican a cualquier organización internacional intergubernamental que realice actividades en el espacio ultraterrestre, siempre que tal organización declare que acepta los derechos y obligaciones estipulados en el presente Acuerdo y que la mayoría de los Estados miembros de la organización sean Estados Partes en el presente Acuerdo y en el Tratado sobre los principios que deben regir las actividades de los Estados en la exploración y utilización del espacio ultraterrestre, incluso la Luna y otros cuerpos celestes. Los Estados miembros de cualquiera de tales organizaciones que sean Estados Partes en el presente Acuerdo adoptarán todas las medidas pertinentes para que la organización haga una declaración de conformidad con lo que antecede.

Artículo 17

Todo Estado Parte en el presente Acuerdo podrá proponer enmiendas al mismo. Las enmiendas entrarán en vigor para cada Estado Parte en el Acuerdo que las acepte cuando éstas hayan sido aceptadas por la mayoría de los Estados Partes en el Acuerdo y, en lo sucesivo, para cada Estado restante que sea Parte en el Acuerdo en la fecha en que las acepte.

Artículo 18

Cuando hayan transcurrido diez años desde la entrada en vigor del presente Acuerdo, se incluirá la cuestión de su reexamen en el programa provisional de la Asamblea General de las Naciones Unidas a fin de considerar, a la luz de cómo se haya aplicado hasta entonces, si es preciso proceder a su revisión. Sin embargo, en cualquier momento, una vez que el presente Acuerdo lleve cinco años en vigor, el Secretario General de las Naciones Unidas, en su calidad de depositario, convocará, a petición de un tercio de los Estados Partes en el Acuerdo y con el asentimiento de la mayoría de ellos, una conferencia de los Estados Partes para reexaminar el Acuerdo. La conferencia encargada de reexaminarlo estudiará asimismo la cuestión de la aplicación de las disposiciones del párrafo 5 del artículo 11, sobre la base del principio a que se hace referencia en el párrafo 1 de ese artículo y teniendo en cuenta en particular los adelantos tecnológicos que sean pertinentes.

Artículo 19

1. El presente Acuerdo estará abierto a la firma de todos los Estados en la Sede de las Naciones Unidas en Nueva York.
2. El presente Acuerdo estará sujeto a ratificación, aprobación o aceptación por los Estados signatarios. Los Estados que no firmen el presente Acuerdo antes de su entrada en vigor de conformidad con el párrafo 3 del presente artículo podrán adherirse a él en cualquier momento. Los

instrumentos de ratificación, aprobación, aceptación o adhesión se depositarán ante el Secretario General de las Naciones Unidas.

3. El presente Acuerdo entrará en vigor a los treinta días de la fecha de depósito del quinto instrumento de ratificación, aprobación o aceptación.

4. Para cada uno de los Estados cuyos instrumentos de ratificación, aprobación, aceptación o adhesión se depositen después de la entrada en vigor del presente Acuerdo, éste entrará en vigor a los treinta días de la fecha del depósito del instrumento respectivo.

5. El Secretario General informará sin tardanza a todos los Estados signatarios y a todos los Estados que se hayan adherido al presente Acuerdo de la fecha de cada firma, de la fecha de depósito de cada instrumento de ratificación, aprobación, aceptación o adhesión al Acuerdo, de la fecha de su entrada en vigor y de cualquier otra notificación.

Artículo 20

Todo Estado Parte en el presente Acuerdo podrá comunicar su retiro del Acuerdo al cabo de un año de su entrada en vigor, mediante notificación por escrito dirigida al Secretario General de las Naciones Unidas. Tal retiro surtirá efecto un año después de la fecha en que se reciba la notificación.

Artículo 21

El original del presente Acuerdo, cuyos textos en árabe, chino, español, francés, inglés y ruso son igualmente auténticos, se depositará ante el Secretario General de las Naciones Unidas, que remitirá copias debidamente certificadas del mismo a los gobiernos de los Estados signatarios y de los Estados que se adhieran al Acuerdo.

EN TESTIMONIO DE LO CUAL, los infrascritos, debidamente autorizados por sus respectivos gobiernos, firman este Acuerdo, abierto a la firma en Nueva York, el día dieciocho de diciembre de mil novecientos setenta y nueve.

www.ingramcontent.com/pod-product-compliance
Lightning Source LLC
LaVergne TN
LVHW060455051026
849518LV00002B/776
9786310021447